Josef Fellsches

Disziplin, Konflikt und Gewalt in der Schule

D1935325

Josef Fellsches

Disziplin, Konflikt und Gewalt in der Schule

Systematische Analyse und schulpraktische Folgerungen

1978

Quelle & Meyer Heidelberg

Staatsinstitut für
Schulpädagogik
– Bibliothek –
780781

Für Cäcilia

CIP-Kurztitelaufnahme der Deutschen Bibliothek

Fellsches, Josef

Disziplin, Konflikt und Gewalt in der Schule : systemat. Analyse u. schulprakt. Folgerungen. – 1. Aufl. – Heidelberg : Quelle & Meyer, 1978.
ISBN 3-494-00928-7

© Quelle & Meyer, Heidelberg 1978. Alle Rechte vorbehalten. Die Vervielfältigung und Übertragung auch einzelner Teile, Texte, Zeichnungen oder Bilder, wenn sie auch lediglich der eigenen Unterrichtsgestaltung dienen, sind nach dem geltenden Urheberrecht nicht gestattet. Ausgenommen sind die in §§ 53, 54 URG ausdrücklich genannten Sonderfälle, wenn sie mit dem Verlag vorher vereinbart wurden. Im Einzelfall bleibt für die Nutzung fremden geistigen Eigentums die Forderung einer Gebühr vorbehalten. Das gilt für Fotokopie ebenso wie für die Vervielfältigung durch alle anderen Verfahren einschließlich Speicherung und jede Übertragung auf Papier, Transparente, Matrizen, Filme, Bänder, Platten und sonstige Medien. Printed in Germany. Satz und Druck: Druckhaus Darmstadt GmbH.

Inhaltsverzeichnis

Einleitung

Für die Erziehungswissenschaft galt noch bis etwa 1974 die Feststellung von Horney/Müller, die diese bereits zehn Jahre früher trafen:

„In einem merkwürdigen Gegensatz zu der Bedeutung von Ordnung und Disziplin, zu der theoretischen Ungeklärtheit ihres Wesens und ihrer Stellung im Schulleben und zu der praktischen Unsicherheit in den Disziplinforderungen steht die Tatsache, daß die pädagogische Wissenschaft die Frage der Disziplin kaum grundsätzlich behandelt hat" (Nr. 96, S. 10).

In der zweiten Hälfte der 60er Jahre mochte man optimistisch vermuten, das anstehende Problem werde im Zuge einer erhofften Gesellschafts- und Schulveränderung gelöst. Anfang der 70er Jahre griff die radikale Schulkritik so weit aus, daß sich in ihr die Lösung des Schulzuchtproblems durch die Abschaffung der Schule erledigte.[1] Zusammen mit dieser Schulkritik erschienen auch Praxisberichte[2], die unter anderem das Problem der Disziplinschwierigkeiten offenlegten.

Mit dem plötzlichen Ende der radikalen Schulkritik und angesichts der Kenntnisnahme des Überlebens der alten Schule erschienen nun seit der zweiten Hälfte der 70er Jahre mannigfache Arbeiten zum Problemkomplex Disziplin und Konflikte.[3] Als auf ein Beispiel für den Umschwung und Themenwechsel kann auf Arbeiten von R. Winkel verwiesen werden: 1974 kündigt Winkel „Das Ende der Schule ..." an, 1976 beschäftigt ihn „Der gestörte Unterricht" und des Lehrers „diagnostische und therapeutische Möglichkeiten" (Nr. 177). Jetzt wird wieder konstatiert, daß Disziplin in der Schule „nach wie vor *notwendig* geübt" wird (N. Rückriem, Nr. 103, S. 86). Disziplin soll wieder sein, aber nun „ohne Strafe" (Dreikurs/Cassel, Nr. 170) oder gar „ohne Zwang" (Ipfling, Nr. 97).

Lehrerstudenten, die bislang kaum auf die disziplinarischen Probleme des Schulalltags vorbereitet wurden, stehen nun befremdet zwischen dem Ruf nach Abschaffung der Schule und den die alte Schule mehr oder weniger affirmierenden Angeboten zur „Konfliktbewältigung" (G.E. Becker u.a., Nr. 169) und Verhaltensmodifikation (Kern, Nr. 160 und 161). In dieser Situation sollen die folgenden Ausführungen eine Orientierungshilfe sein. Sie sind aus der Arbeit mit Lehrerstudenten entstanden, die häufig den Wunsch nach einer Analyse des Problemkomplexes und einem Ausblick auf seine Bewältigung äußerten. Darum zielen die Ausführungen darauf ab, die gegenwärtige Schulsituation im Hinblick auf Disziplin,

---

[1] Vgl. I. Illich, Entschulung der Gesellschaft. München 1972. – J. Ramseger, Gegenschulen. Bad Heilbrunn 1975. – R. Winkel, Das Ende der Schule oder: Alternativprogramme im Spätkapitalismus. München 1974. – Vgl. auch die Arbeiten von W. Fischer: Schule und kritische Pädagogik. Heidelberg 1972. „Schule gefunden?" In: Päd. Rundschau 27 (1973) H. 8, S. 576–600. „Abschaffung der Schule? Radikale Schulkritik in der Gegenwart." In: R. Hülshoff (Hrsg.), Bildungstheorie und Schule. Ratingen 1974, S. 87–101. „Bildung trotz Schule?" In: Vjsch. f. wiss. Päd. 51 (1975) H. 4, S. 327–343.

[2] Vgl. den Bibliographieteil B.

[3] Vgl. die Bibliographie.

Konflikt und Gewalt begreiflich zu machen und praktische Ansätze zu skizzieren, die zwischen Abschaffung und Affirmation der Schule neue Unterrichts- und Schulpraxis einleiten.

Das Buch ist entsprechend diesem Anliegen aufgebaut. Im I. Teil wird der Problemkomplex in einer systematischen Analyse auf seine beiden Hauptbedingungen zurückgeführt: Institutionanalisierung und Reproduktionsfunktion (Kap. 3 und 4). Unser Schulsystem ist das derzeitige Ergebnis eines Prozesses der Institutionalisierung und Organisation von Lernen zum Zwecke der Reproduktion eines ganz bestimmten gesellschaftlichen und politischen Systems. Beide Bedingungen machen Disziplinierung (Schule als Gewalt) erforderlich und besorgen zugleich das Konfliktpotential, das Disziplinschwierigkeiten (Gewalt in der Schule) unausweichlich macht (Kap. 5).

Lehrer geraten durch diese Gegebenheiten in ein Dilemma: Insofern sie Institutionalisierung und Reproduktionsfunktion nicht abschaffen können und deshalb mit anderen Mitteln gegen Disziplinschwierigkeiten vorgehen, bekräftigen sie nicht nur die Hauptbedingungen für das Konfliktpotential, sondern schaffen zugleich neues (Kap. 6).

Angesichts dieses Dilemmas, aber auch ohne es zu erkennen, empfehlen viele Autoren den Lehrern und Lehramtsanwärtern Techniken (Ausweichempfehlungen), mit deren Hilfe man zwar Symptome kurieren, nicht aber die Ursachen beseitigen kann. Solche Techniken führt im II. Teil ein schulpraktischer Ausblick kritisch vor (Kap. 7).

Ein Ausweg aus dem Dilemma kann nur darin gesucht werden, daß Lehrer zu Maßnahmen greifen, die zugleich mit der Bekämpfung von Disziplinschwierigkeiten und Gewalt eine neue, bessere Schulpraxis vorzubereiten helfen; oder umgekehrt: die durch eine neue Praxis (im Rahmen ihrer bescheidenen Möglichkeiten) die Notwendigkeit von Disziplinierung und dadurch das Ausmaß an Konflikten und Gewalt verringern (Kap. 8).

Der III. Teil des Buches bietet eine umfassende für den Gebrauch in der Studenten- und Lehrerarbeit aufbereitete Bibliographie. Aufgrund der Ordnung nach sieben Kategorien können theoretische und praktische Arbeiten zum Thema schnell gefunden werden. Die einzelnen Titel sind durchlaufend numeriert und werden innerhalb des Buches unter ihrer Nummer zitiert. Die in den Fußnoten zu einzelnen Problemen zitierte Literatur wird in der Bibliographie nicht wiederholt.

Das Sachregister, das sowohl den Inhalt des Buches wie auch die Bibliographie noch einmal aufschlüsselt, stellt eine weitere Hilfe zur Erarbeitung des Problemkomplexes in Studenten- und Lehrergruppen dar.

I. Teil: Systematische Analyse

Kapitel 1: Ein altes Denkschema

Es sei eine Situation an den Anfang gesetzt, die aus Äußerungen von Schulleitern konstruiert ist, sie könnten bereits beim Gang über die Schulflure während des Unterrichts die guten von den schlechten Lehrern unterscheiden:

Lärm aus der Klasse dringt durch die geschlossene Tür auf den Flur. X auf dem Flur, der Lehrer vor der Klasse und die Schüler denken:

Lehrer hat seine (ich habe meine) Klasse nicht in der Hand. Er hat (ich habe) keine Autorität. Er hat (ich habe) keinen Respekt. Er (ich) kann nichts. Die Schüler stören, sind unwillig, böswillig, triebhaft; sie sind dumm, frech, faul ...

Kurz: Wenn die Lehrer mehr könnten und die Schüler einen anständigen Charakter hätten, wäre die Schule in Ordnung.

Die Art der Beschreibung dieser Situation durch die Betroffenen enthält ein altes Denkschema, das auch in einer empirischen Untersuchung zur Bewertung abweichenden Verhaltens durch Lehrer (Baus u.a. 1975, Nr. 128) bestätigt wird. Man kann es mit den Begriffen „Wille" und „Schuld" markieren. Es geht davon aus, daß a) alles Verhalten der Schüler und Lehrer willentlich verursacht sei; b) es ein fraglos richtiges Verhalten gebe und c) daß jemand, der dem richtigen Verhalten nicht entspreche, dies böswillig tue und deshalb schuldig sei. Die Handelnden erscheinen in dieser Vorstellung als gänzlich unabhängige Akteure, die sich und die Situation frei bestimmen.

Diese Vorstellung ist nicht haltbar. Die modernen Humanwissenschaften haben gezeigt, daß menschliches Verhalten und Handeln als soziale Phänomene innerhalb von Beziehungs- und Bedingungsgefügen gesehen werden müssen. Während die traditionelle Pädagogik und Psychologie – in dem alten Denkschema – den Menschen als Kräfte umschließende Monade[1] sah, entdecken ihn die Humanwissenschaften heute mehr und mehr in seinen Beziehungen und Verhältnissen[2].

Die erwähnte Untersuchung von Baus u.a. (Nr. 128) bestätigt Hypothesen, die das alte Denkschema enthalten, und ist dabei zugleich ein Zeugnis für die neue wissenschaftliche Konzeption. Im folgenden werden die Rahmenhypothesen zitiert, auf einzelne Ergebnisse wird noch an anderer Stelle aufmerksam gemacht.

„1. Lehrer ordnen abweichendes Schülerverhalten nicht in die Gesamtstruktur Schule – Gesellschaft ein, woraus sich die Entstehungsbedingungen besser analysieren und die Bewertung eindeutiger ableiten ließen.

---

[1] Der Begriff entstammt der Philosophie (Monadologie) des G. W. Leibniz (1646–1716), die mit ihrem neuzeit-typischen Menschenbild das pädagogische Denken bis ins 20. Jh. hinein beeinflußt hat: Der Mensch hat als *Monade* (autarke *Einheit* im Schöpfungsganzen) in Denken und Tun seinen Grund in sich selbst: *Substanz/Subjekt*. Er ist mit Kräften und Energien ausgestattet, die seiner *Selbstverwirklichung* dienen.

[2] Vgl. dazu Watzlawick u.a., Nr. 27, S. 23–31, die von der Kommunikationswissenschaft her zu diesem Ergebnis kommen.

2. Dieser fehlende Hintergrund führt zwangsläufig dazu, abweichendes Verhalten *nur in der interpersonellen Dimension* zu sehen. Bewußt oder unbewußt erlebt der Lehrer solche Konflikte als persönliches Versagen, dem er mit den Mitteln von Abwehrverhalten zu begegnen sucht.

3. Der fehlende institutionalisierte und formalisierte Erfahrungsaustausch mit den Kollegen entzieht ihm den Boden zur Sachdiskussion über ein zentrales Problem seiner Lehreraufgabe, in der *abweichendes Verhalten als schulspezifisches Phänomen* mit bestimmten gesellschaftlichen, institutionellen, interaktionistischen und entwicklungsbedingten Faktoren zu verknüpfen ist.

4. Das Gefühl des Versagens, der Unsicherheit und Isolierung verstärkt die Neigung, den kritischen Erfahrungsaustausch mit den Kollegen zu meiden und nur gelegentlich emotionale Reaktionen auf abweichendes Verhalten mitzuteilen. Der Lehrer erlebt abweichendes Verhalten emotional negativ, wodurch eine neutral analysierende Einstellung noch erschwert wird" (Nr. 128, S. 782).

Als ein Hinweis darauf, daß Lehrer tatsächlich mehr als sie glauben in ihrem Verhalten und Handeln von den Bedingungen und Situationen und dem Grad der Institutionalisierung abhängen, können die Untersuchungen von R. Tausch[3] gelten, bei denen sich zeigte, daß Lehrer faktisch anders handelten, als sie vorher im Hinblick auf die gleichen Situationen prognostizierten.

Für die systematische Analyse des Problemkomplexes Disziplin, Konflikt und Gewalt in der Schule, die im I. Teil dieser Arbeit vorgenommen werden soll, müssen also solche Theorien herangezogen werden, die Auskunft über die *Bedingungen* schulischen Verhaltens und Handelns geben können. Neben soziologischen Theorien zur Organisation und Institution werden besonders Kommunikations- und Interaktionentheorie[4] herangezogen. Mit diesen Theorien wird die Problematik nicht in allen ihren Aspekten getroffen (z.B. bleiben medizinische[5], psychologische und psychiatrische[6], ökologische und architektonische Aspekte außer Betracht), aber es wird behauptet, daß bei diesem Vorgehen die grundlegenden Bedingungen und Ursachen für die Entstehung der Probleme angesprochen werden.

Zur weiteren Vorbereitung dieser Analyse soll im folgenden Kapitel eine – nicht nur philologische – Betrachtung zu Wort und Begriff Disziplin unternommen werden, die zum einen schon näher an den zu behandelnden Komplex heranführt, zum anderen einige wichtige Unterscheidungen im Gebrauch des Wortes Disziplin klärt.

---

[3] Vgl. Nr. 148, S. 194.

[4] Kurze Einführungen in den Interaktionismus finden sich in F. Wellendorf, Nr. 28 und L. Krappmann, Soziologische Dimensionen der Identität. Stuttgart 1971; eine ausführlichere bietet: K. Raiser, Identität und Sozialität. München 1971. Alle gehen zurück auf G.H. Mead. Vgl. von ihm bes.: Geist, Identität und Gesellschaft. Frankfurt 1968.

[5] Vgl. dazu den medizinischen Beitrag zur Sitzordnung in der Klasse von L. Preissl, Die Problematik der Sitzordnung. In: Erziehung und Unterricht 127 (1977) H. 1, S. 51–54.

[6] Vgl. dazu: R. Winkel, Pädagogische Psychiatrie für Eltern, Lehrer und Erzieher. München 1977.

Kapitel 2: Wort und Begriff Disziplin

Das Wort Disziplin kommt aus dem Lateinischen. Das lateinisch-deutsche Schulwörterbuch „Der kleine Stowasser“ (München 1955) gibt die folgende Auskunft:

disciplina (altlateinisch: discipulina): von discipulus = Schüler;
aus discipio: geistig zerlegen,
vgl. discepto: erörtern, verhandeln, streiten.
I. 1. Unterweisung, Lehre, Unterricht
  2. meton. Bildung, Kenntnis, Wissen, Kunst
    occ. a) Methode, Lehrgang
      b) System, Schule
        pl. konkrete Unterrichtsanstalten
II. 1. metaph. Erziehung, Zucht, occ. Kriegszucht, Manneszucht,
2. meton. Ordnung, Einrichtung, Gewohnheit, occ. Staatsverfassung, -ordnung.

Die Abkürzungen meton(ymisch), occ(asionell) und metaph(orisch) deuten jeweils einen bestimmten Bedeutungswandel an. Wenn eine jüngere gelegentliche (occasionelle) Wortbedeutung allgemeine Geltung erlangt, ist die Bedeutungsentwicklung einer Sprache in Gang gekommen.

Bei der Metonymie kommt der Bedeutungswandel durch Übertragung des Wortes auf räumlich oder kausal naheliegende Begriffe zustande; z.B.: Synagoge und Ekklesia (Kirche) bedeuten zuerst die Versammlung, dann den Ort und das Gebäude der Versammlung.

Beim metaphorischen Gebrauch wird die allgemeine Bedeutung eines Wortes auf einen Teil des ursprünglichen Inhalts beschränkt (z.B. eine Übertragung vom Konkreten ins Abstrakte: lebendiges Feuer – Feuer der Liebe)[7].

Mit dem zugrundeliegenden Verb deutet das Wort ursprünglich auf eine Haltung, die zur Erörterung einer Sache notwendig ist: gedankliche Gerichtetheit, Rücksichtnahme auf andere Argumente etc. Man kann aber annehmen, daß dieser Inhalt kaum noch zu den Vorstellungen der Sprecher gehörte, die das Wort disciplina in den oben aufgeführten Bedeutungen gebrauchten. Über eine Rekonstruktion der Bedeutungsentwicklung des Wortes kann man folgende Stationen ausmachen:

a) Zusammenkunft zur Lehre und Unterweisung, wodurch die Beteiligten Wissen, Kenntnis und Bildung erlangen; dies geschieht nicht beiläufig, sondern
b) organisiert und strukturiert (die Lernsachen disziplinieren),
c) an einem bestimmten Ort, in einem bestimmten Gebäude: Schule.
d) Voraussetzung ist Zucht: die Lehrer üben Disziplin aus; die Schüler haben oder zeigen Disziplin (wenn sie sich einordnen);
e) schließlich ist die Ordnung, die zum Zwecke der Unterweisung entwickelt worden ist, die Disziplin: es herrscht Disziplin.

---

[7] Vgl.: Der kleine Stowasser. München 1955, S. 22–25.

Diesem Bedeutungswandel liegt ein realer Prozeß zugrunde, der in der Soziologie mit Institutionalisierung, Organisationsentwicklung und Bürokratisierung bezeichnet wird. Die ursprünglich vielleicht lockere, improvisierte Versammlung wird etwas Beständiges, immer stärker Geregeltes und schließlich Organisiertes. Nun können der Ort, das Gebäude und die dort verlangte Ordnung den Namen dessen tragen, was zunächst die lebendige Auseinandersetzung bezeichnete, die an diesem Ort geschah.[8]

Diese Entwicklung, daß aufgrund bestimmter historisch-gesellschaftlicher Zusammenhänge Lernen und Bildung institutionalisiert und organisiert werden, wird als Hauptbedingung für die in diesem Buch anstehende Problematik in den nächsten Kapiteln ausführlich behandelt werden müssen. Vorher soll aber der Blick noch auf den heutigen Gebrauch des Wortes Disziplin gewendet werden und damit darauf, was Disziplin heute als *Begriff* umfaßt. Der Alltagserfahrung entspricht die widersprüchliche Auskunft in einschlägigen Lexika und Monographien. U. Hagemeister stellt fest:

> ,,Unter Schuldisziplin wird heute in erster Linie die Voraussetzung verstanden, die gewährleistet sein muß für eine ungestörte methodische Erarbeitung der objektiven Disziplinen".[9]

Disziplin wird einmal als grundlegende Bedingung für menschliches Miteinander behauptet, dann als zeitweilige, notwendige Fremdbestimmung hingenommen, ein andermal als Zwang in Kauf genommen und abgelehnt. So bezeichnet Disziplin nach H.-J. Ipfling

> ,,das Ergebnis der intellektuellen Einsicht in die Notwendigkeit, die Eigenart und den Geltungsanspruch überpersonaler sittlicher Ordnungen und der willentlichen Bereitschaft, diese Ordnungen für das Handeln verbindlich zu machen" (Nr. 97, S. 10).

Bald darauf fährt Ipfling, gegen Max Weber sich wendend (auf den wir weiter unten noch zu sprechen kommen), fort:

,,Disziplin beabsichtigt nicht die ,planvoll eingeschulte, präzise, alle eigene Kritik bedingungslos zurückstellende Ausführung des empfangenen Befehls', meint nicht die bloße Einhaltung äußerer Ordnung, sondern ist jenes geordnete Verhalten, das eigener Einsicht entspringt" (Nr. 97, S. 11).

Um etwas Klarheit zu schaffen und auf den Begriff zu kommen, der für diese Arbeit von Bedeutung ist, sollen drei Unterscheidungen hinzugefügt werden:

a) das ,,disziplinierte" Gespräch,

b) Gruppen,,disziplin",

c) Disziplin in der Schule/Schulklasse.

a) Wenn zwei oder mehrere Personen in einem Gespräch eine Sache erörtern, kann es aufgrund von Unkenntnis oder unterschiedlicher Interpretation zu Ver-

---

[8] Institutionalisierung wird hier nur in einem allgemeinen und formalen Sinn deutlich. Der Prozeß der Institutionalisierung zur heutigen Gestaltung und Organisation der Schule für alle unter staatlicher Aufsicht beginnt erst mit der Neuzeit; vgl. S. 28f.

[9] Lexikon der Pädagogik. Freiburg 1970, Bd. 4, S. 2f.

ständigungsschwierigkeiten und sozialen Konflikten kommen. Hierbei spricht man nicht von Disziplinschwierigkeiten oder Disziplinkonflikten. Allerdings befolgen auch diese Gesprächspartner bestimmte (konstitutive) Regeln, die überhaupt erst das Gespräch ermöglichen (z.B. auf den anderen eingehen, beim Thema bleiben, die Logik beachten); folgt man diesen Regeln nicht, kommt kein Gespräch zustande, vielleicht wird nur geblödelt. Insofern die Beteiligten also Regeln folgen und ein einzelner das Gespräch durch Mißachtung der Regeln stören könnte, mag jemand es für sinnvoll halten, von einem ,,disziplinierten" Gespräch zu reden, obwohl ein anderer dies schon eine tautologische Rede nennen könnte (,,weißer Schimmel").

In diesem Buch soll der Gesprächs-Regel-Zusammenhang nicht mit Disziplin bezeichnet werden; die Begründung hierfür wird sich im folgenden zeigen.

b) Die Kleingruppenforschung hat herausgefunden, daß sich Gruppen unter bestimmten Regeln konstituieren und daß die Mitgliedschaft in einer Gruppe von der Einhaltung der Gruppennormen abhängen kann. Das künftige Gruppenmitglied muß lernen,

> ,,daß es Regeln gibt, die es nicht verletzen darf, wenn es in die Gruppe aufgenommen werden will, und daß es fähig sein muß, Regeln zu lernen und anzuwenden und sich immer nach ihnen zu richten. Im allgemeinen zeigen die Reaktionen des Neulings auf die Gruppenregeln, ob er überhaupt ein vollgültiges Mitglied der Gruppe werden will"[10].

Die Gruppe wacht über die Einhaltung der Regeln. Handelt es sich um eine ,,Gang", die einem Machtführer untersteht, wird dieser streng – und eventuell mit Gewalt – auf die Befolgung der Regeln achten. Unter diesen Umständen ist es sinnvoll, von ,,Gruppendisziplin" zu sprechen. Allerdings deutete der letzte Satz des Zitates darauf hin, daß die Befolgung letzten Endes doch dem einzelnen überlassen bleibt, insofern er nicht festes Mitglied der Gruppe zu werden braucht. In anderen Gruppentypen, z.B. einer partnerschaftlichen Gruppe, die nicht einem Anführer untersteht, sind darüber hinaus die Regeln in größerem Maße Sache aller, sie bleiben als Interaktionsnormen der Bestimmung und Modifizierung der einzelnen Partner überlassen.

c) Diese letztgenannte Möglichkeit ist nun – wie noch deutlicher werden wird – in einer entwickelten Institution nicht gegeben. In der Schule wird die Regelunterwerfung institutionell verordnet; Schule als Institution *ist* geradezu festes Regelsystem. Die Schulklasse ist darin eine formelle Gruppe; bei den in Punkt b) genannten kann man noch von informellen sprechen. Die Aufstellung und Befolgung der meisten Regeln ist nicht mehr den Schülern und Lehrern selbst überlassen, sondern diese sind nur noch von den Regeln Betroffene. Die Klassengruppe ist eine formierte Gruppe, die ihr Eigenleben nur *unterhalb* der offiziellen Linie entwickeln kann (innerhalb des Unterrichts durch Nebenbeschäftigungen, innerhalb der Beziehungsdimension durch die informelle Struktur). Für eine solche Situation allein ist der Begriff Disziplin voll angebracht: für die festgefügte und ver-

---

[10] Th. M. Mills, Soziologie der Gruppe. München 1970, S. 108.

fügte Ordnung, der sich die Schüler und Lehrer einzuordnen haben. *Disziplin umfaßt also die beiden Aspekte Ordnung und Einordnung und schließt als dritten den mit der Institution gegebenen Zwang ein.*

Ähnlich analysiert M. Weber. Er betont den engen Zusammenhang zwischen der Versachlichung der Herrschaftsformen und der Disziplin, die mit der Versachlichung bei gleichzeitiger Abnahme des personalen, charismatischen Handelns entstehe. Weber hält für die Disziplin fest:

„Sie ist inhaltlich nichts anderes als die konsequent rationalisierte, d.h. planvoll eingeschulte, präzise, alle eigene Kritik bedingungslos zurückstellende ‚Ausführung des empfangenen Befehls' und die unablässige innere Eingestelltheit ausschließlich auf diesen Zweck" (Nr. 110, S. 681).

Weber sieht den Ursprung der Disziplin in der Kriegführung, ihre moderne Weiterentwicklung im ökonomischen Großbetrieb und insbesondere in der Bürokratie. In dem Maße, wie die Institution Schule heute eine bürokratisch verwaltete ist – und daß die Schule bürokratische Merkmale aufweist, wird noch gezeigt werden –, in dem Maße gilt Webers Analyse auch für die Schule:

„Die ‚Disziplin' im allgemeinen, wie ihr rationalstes Kind: die Bürokratie im speziellen, ist etwas ‚Sachliches' und stellt sich in unbeirrter ‚Sachlichkeit' an sich jeder Macht zur Verfügung, welche auf ihren Dienst reflektiert und sie zu schaffen weiß" (Nr. 110, S. 682).

Von Pädagogen wird die Disziplin als Resultat von Institutionalisierung und Organisation des Lernens häufig nicht so scharf gesehen. Wenn W. Horney sagt: „Disziplin kann es nur in einem geordneten Sozialgebilde geben ..., in dem Gesetze, Regeln, Sitten ... gelten, d.h. anerkannt und befolgt werden"[11] und als Beispiele parallel Arbeit, Sport, Jugendverband, Militär, Schule anführt, dann entspricht dies den vorgenommenen Abgrenzungen nicht in der ganzen Konsequenz, und es kommt nicht so scharf heraus, daß Disziplin Unterordnung fordert. Selbst wenn von „Einsicht in die Notwendigkeit" die Rede ist (vgl. Ipfling, hier S. 12) oder von „Freiwilligkeit", mit der Schüler die Ordnung übernehmen, darf nicht übersehen werden, daß Zwang in beiden Fällen nicht ausgeschaltet ist. Das ist bei folgendem Satz Horneys zu bedenken:

„Vom einzelnen her gesehen, ist Disziplin das Sicheinfügen in gegebene oder auch selbst- oder mitgeschaffene Ordnungen und Gehorsam gegenüber den legitimen Repräsentanten dieser Ordnung. Dieses Sicheinfügen kann erzwungen sein und gründet dann auf Gewalt und Furcht, oder es kann freiwillig erfolgen und beruht auf innerer Zustimmung, auf Einsichten, Vertrauen, Achtung, Pflichtgefühl oder auf Identifizierung mit der Gruppe"[12].

Abschließend sei ein weiterer Satz W. Horneys zitiert, der die affirmative Funktion der Disziplin deutlich macht und bereits die Unterstellung impliziert, daß diese Ordnung dem Schüler gut tut.

„Die Bedeutung der Disziplin für die Schule besteht darin, daß sie ihren Bestand als struk-

---

[11] Pädagogisches Lexikon. Gütersloh 1970, Bd. 1, Sp. 610f.
[12] Ebd., S. 611.

turiertes und geordnetes Sozialgebilde sichert, ungestörtes Arbeiten ermöglicht und dem einzelnen Schüler Sicherheit und Halt bietet"[13].

Nach den vorgenommenen Abgrenzungen stehen wir nun vor der Aufgabe, den sozialen Prozeß der Institutionalisierung und vor allem sein Produkt Institution Schule zu untersuchen. Dabei soll besonderer Wert auf die Herausarbeitung dessen gelegt werden, was es für das Verhalten und Handeln der Betroffenen bedeutet, daß Schule eine Institution ist.

[13] Ebd., S. 611f.

Kapitel 3: Schule als Institution

Mit dem Terminus Institution ist ein Phänomen sozialer Ordnung angesprochen, das man als Normenverdichtung bezeichnen kann. Um ein wichtiges gesellschaftliches Problem sicher, beständig und einheitlich zu lösen, erfolgt eine Festschreibung mehrerer aufeinander bezogener Handlungsmuster zu einer Institution. W.E. Mühlmann definiert:

„Institution nennen wir die jeweils kulturell geltende, einen Sinnzusammenhang bildende, durch Sitte und Recht öffentlich garantierte Ordnungsgestalt, in der sich das Zusammenleben von Menschen darbietet"[14].

Eine Institution wird nicht in einem Akt eingerichtet, wenn auch die Gesetzgebung hier eine Rolle spielt, sondern sie ist das (veränderbar bleibende) Ergebnis eines historisch-gesellschaftlichen Prozesses, den man Institutionalisierung nennt. Mühlmann stellt dazu fest:

„Wir beobachten immer wieder, daß soziale Formationen mit vagen und schwankenden Umrissen, die sich sozialpsychologisch in einem Prozesse der Gärung und Unruhe befinden, im Ablauf ihrer genetischen Kurve allmählich ihren Bewegungs-Charakter mehr und mehr einbüßen, zur Ruhe kommen, festere Formen und Umrisse annehmen (auch organisatorisch) und so schließlich die Gestalt von institutionellen Ordnungssystemen annehmen. ... Eben diesen Gesamtprozeß bezeichnen wir als Institutionalisierung" [15].

Als Modell können nach Mühlmann die Vorgänge dienen, durch die aus religiösen Bewegungen „Sekten" und „Kirchen" werden.

H. Fend stellt vier Merkmale für die Hochform der Institutionalisierung heraus. Mit der Kennzeichnung „Hochform" weist er auf unterschiedliche Grade der Institutionalisierung hin, die unterscheidbar sind nach Formalisierung der Normen, Differenzierung der Rollenerwartungen und materiellem Apparat.

1. Institutionen sind Normenkomplexe von hohem Organisationsgrad.
2. Sie gruppieren sich um Probleme, die für die Erhaltung der Gesellschaft und für das Weiterbestehen einer Kultur wichtig sind.
3. Mit Institutionen ist meistens ein materieller „Apparat" von Gebäuden, Instrumenten etc. verbunden.
4. Institutionen werden von Personen getragen, die zueinander in formalisierten Rollenbeziehungen stehen[16].

Wendet man diese Merkmale auf das öffentliche Bildungswesen der Bundesrepublik Deutschland an, kommt man zu dem Ergebnis, daß es sich bei ihm um eine Hochform der Institutionalisierung handelt. Die Merkmale lassen sich aber auch auf die einzelnen Schulen anwenden, und es wird dann deutlich, daß auch die jeweilige Schule eine Institution ist. Diese Anwendung soll im folgenden knapp vorgenommen werden:

---

[14] Wörterbuch der Soziologie, hrsg. von W. Bernsdorf, Bd 2. Frankfurt 1972, S. 371.
[15] A.a.O., S. 373.
[16] H. Fend, Sozialisierung und Erziehung. Weinheim 1973, S. 131.

1. Unsere Schulen haben einen hohen Organisationsgrad[17]: es braucht nicht viel improvisiert zu werden, es gibt wenig Spielraum „zur freien Entfaltung der Kräfte“. Schulwesen und Schulen sind nicht nur hoch organisiert, d.h. zweckhaft planvoll gestaltet, sie sind selbst auch eine Organisation. Die Begriffe Institution und Organisation überschneiden sich, sind aber nicht identisch. Nicht jede Institution (z.B. die Ehe) ist eine Organisation, wohl ist jede Organisation auch eine Institution. Der Begriff Organisation betrifft mehr das planvolle soziale *Gebilde*, der Begriff Institution mehr den festgelegten Komplex von *Handlungs*- und Verfahrensformen. R. Mayntz stellt drei Merkmale für Organisationen heraus, die – gradmäßig unterschiedlich – erfüllt werden müssen, damit ein soziales Gebilde Organisation genannt werden kann.

„Gemeinsam ist allen Organisationen erstens, daß es sich um soziale Gebilde handelt, um gegliederte Ganze mit einem angebbaren Mitgliederkreis und interner Rollendifferenzierung. Gemeinsam ist ihnen zweitens, daß sie bewußt auf spezifische Zwecke und Ziele orientiert sind. Gemeinsam ist ihnen drittens, daß sie im Hinblick auf die Verwirklichung dieser Zwecke oder Ziele zumindest der Intention nach rational gestaltet sind“ (Nr. 17, S. 36).

Organisation ist also ein spezieller Aspekt von Institutionalisierung und Institution. Das erlaubt es uns, im folgenden vornehmlich von Institution zu sprechen, zumal es uns auf Verhalten und Handeln der Betroffenen ankommt. Soweit dieses auch durch den Organisationsgrad beeinflußt ist, wird Schule auch als Organisation zur Sprache kommen.

Die modernste Form der Organisation ist die Bürokratie. Es ist ein Kennzeichen gesellschaftlicher Entwicklung seit dem Ende der Feudalgesellschaft, daß die Verwaltung sich auf immer weitere Bereiche des gesellschaftlichen (und persönlichen) Lebens ausbreitet, immer stärker organisiert wird und schließlich die Organisationsform der Bürokratie erreicht, die wiederum eine demokratiegefährdende Tendenz zur Bürokratisierung des gesamten Lebens enthält.

„Unter *Bürokratie* ist zu verstehen sowohl eine Schicht bzw. eine Gruppe von Beamten in einer Instanzenhierarchie als auch die von dieser Gruppe ausgeübte Macht bzw. die Herrschaftsform, die sich aus der durchgängigen Anwendung bürokratischer Machtmittel und aus dem ihr zugrunde liegenden Legalitätsglauben ergibt.“

„*Bürokratisierung* ist die Einengung des menschlichen Gemeinschaftslebens durch rationale, organisationsbedingte Sachentscheidungen, das Streben der Bürokratie nach Autonomie, nach einer Machtstellung, die ihr die Möglichkeit der Herrschaft über Menschen und Organisationen verschafft“[18].

Als Merkmale bürokratischer Verwaltung gelten seit M. Weber:

„Genaue Abgrenzung von Tätigkeiten und Befehlsgewalten (Kompetenzen), ein geordnetes System von Über- und Unterordnung in Behörden (Amtshierarchie und Instanzenzug), Schriftlichkeit der Amtsführung (Aktenkundigkeit), Trennung von der privaten Lebenssphäre, Fachschulung und Fachwissen (Prüfungen, Laufbahnprinzip), Vollberuflich-

[17] „Organisieren heißt, generelle oder Dauerregelungen für zweckgerichtetes Handeln schaffen“ (R. Mayntz, Nr. 17, S. 86).

[18] Wörterbuch der Soziologie, hrsg. von W. Bernsdorf, Bd. 1. Frankfurt 1975, S. 135.

keit anstelle nebenamtlicher Tätigkeit und schließlich Amtsführung nach festen Regeln (Regelgebundenheit, Amtswissen)"[19].

Wie steht es nun mit Schulwesen und Schulen im Verhältnis zur Bürokratie[20]? Die Merkmale der Bürokratie und der bürokratischen Verwaltung treffen auf die Schulverwaltung bis in die einzelne Schule hinein zu, betreffen aber zur Hauptsache die Professionellen, also nicht in gleichem Maße die Schüler. Die bürokratisch verwaltete Organisation und Institution Schule hat den Zweck, die Schüler zu beeinflussen; sie sind das Objekt (man entschuldige: das Material), auf das sich der Zweck richtet. Als untergeordnete Mitglieder und Zweck der Organisation Schule sind die Schüler auch mitbetroffen von der bürokratischen Ordnung: die Bürokratie dehnt ihre Herrschaft auch auf die Schüler aus. Das gilt z.B. für die Disziplin. Die oben (S. 14) zitierte Definition von M. Weber gilt zunächst für die professionellen Bürokraten, in zweiter Linie aber auch für die Schüler, insofern sich die Disziplinforderung auf Vorschriften, Regeln, Hausordnung und Erwartungen niederschlägt. – Diese fast zum Exkurs gewordenen Ausführungen waren wichtig, damit sich die ganze Bedeutung von Institutionen und Institutionalisierung auftut.

Nun aber zurück zur Anwendung des ersten Merkmals auf unsere Schulen: Normenkomplexe von hohem Organisationsgrad. Beide Momente werden deutlich, wenn man betrachtet, was alles festgelegt ist: die Rolle des Schulleiters, der Lehrer und der Schüler; die hierarchische Struktur; die Ordnung nach Klassen und Jahrgängen, die Schülerzahlen; die Einteilung des Tages: Beginn, Stundenplan, Pausen, Ende; weitgehend die Inhalte: Lehrpläne, Richtlinien, Curricula, Unterrichtseinheiten; die Methoden, Beziehungsformen, Medien, Prüfverfahren, Aufstieg und Ausschluß; man findet beinahe nichts, was nicht festgelegt ist. Institutionalisierung der Schule beinhaltet die Vorstrukturierung des Handelns der an ihr Beteiligten bis zur Voraussagbarkeit. Man weiß, daß es an den anderen Schulen ebenso ist. Das allein bewirkt eine starke normative Kraft der faktischen institutionellen Situation: Schule *ist* nun so und nur so. Die Beteiligten kennen keine andere als diese quasi-naturwüchsige Ordnung. Mancher mag andere Ideen von Schule haben, aber die alltägliche, uns – mindestens solange sie unbedacht bleibt – determinierende Praxis aus institutionellen Regeln verdrängt sie immer aufs neue.

2. Das Hauptproblem, das zur Institutionalisierung des Erziehungs- und Bildungswesens führte, ist die Reproduktion der Gesellschaft; Wandel ist dabei nur in einem das Bestehende bestätigenden Sinne eingeschlossen. Anerkennung dieses Zweckes auf seiten der Beteiligten wird ebenso vorausgesetzt wie die Selbstverständlichkeit, daß alle Einrichtungen diesem Zweck dienen. Das braucht im einzelnen auch nicht mehr nachgeprüft oder hinterfragt zu werden, im Gegenteil, wer dies tut, verdächtigt sich schon subversiver Tätigkeit.

3. Den materiellen Apparat bilden nicht nur die Schulgebäude, sondern auch die des gesamten Verwaltungsapparates, der Schulaufsicht von der unteren bis zur

[19] Wörterbuch der Soziologie, Bd 1, S. 135.

[20] Zu intensivem Studium dieses Zusammenhangs vgl. P. Vogel, Die bürokratische Schule. Kastellaun 1977.

obersten Ebene. Der materielle Apparat in Gestalt der Schulgebäude verweist bereits in seiner Architektur deutlich auf den Zweck dieser Institution. Die eher an Kasernen erinnernden Gebäude sind und enthalten nicht Raum zum Leben und Wohnen, sondern Räume zum Lernen im Sinne des vorgeschriebenen Schullernens. (Die häufig nur kläglich mit Tierfreund- und Bravo-Postern dekorierten Klassenräume geben den gleichen Hinweis).

4. Die Funktionen innerhalb der Institution Schule liegen entsprechend dem Reproduktionsprozeß fest; zu ihrer Erfüllung werden festgeschriebene Positionen besetzt, deren Inhaber sich an genaue Rollenvorschriften zu halten haben. Daß die Beziehungen formalisiert sind, wie das vierte Merkmal betont, bedeutet, daß sie nicht von den personalen Werten der einzelnen abhängen, sondern von den institutionalisierten Verhaltensmustern.

Dies bedeutet allerdings nicht, daß die Geltungsgründe der Handlungsvorschriften auf Faktizität und Legalität reduziert würden, vielmehr verbindet sich mit dieser Ordnung die Vorstellung, daß sie richtig, ,,gut" und deshalb gültig sei, und aus diesen Gründen und nicht nur mit *Recht* Anspruch auf Befolgung erhebt. Dementsprechend wird eine Verletzung der Ordnung auch nicht nur rechtlich geahndet, eine Übertretung der Gebote wird immer auch als Frevel angesehen, kurz: die Vorschriften haben starke Nähe zum sittlich Gebotenen.

Die Analyse und Kritik der Institutionen führt häufig zu der Frage, ob denn Institutionen ,,an sich gut oder schlecht seien". Zur Klärung des hinter dieser Frage stehenden Problems muß man bedenken, daß der Prozeß der Institutionalisierung ambivalent (doppelwertig) ist. Die institutionelle Regelung bestimmter Lebensprobleme (z.B. Fortpflanzung, Erziehung, Lernen, Gesundheit/Krankheit, Sterben) ermöglicht geordnetes, abgestimmtes gesellschaftliches Miteinander und eine gewisse Verläßlichkeit (positive Wertigkeit).

Abgesehen von der Verkrustung und Überalterung der institutionellen Festlegungen – sie überdauern oft soziale und ökonomische Veränderungen, ehe sie erneuert werden – geht in dem Prozeß der Institutionalisierung auch etwas verloren oder wird vermindert: die Chance der ganz persönlichen, charismatischen (und jeweils andersartigen) Bewältigung der genannten Probleme (negative Wertigkeit).

Es liegt auf der Hand, daß mit dem Anwachsen der Komplexität einer Gesellschaft der persönlich gestaltete Bereich immer mehr zugunsten des allgemein geregelten abnimmt. Das Charisma[21] wird in der Versachlichung und Formalisierung des institutionalisierten und organisierten Lebens zerrieben.

Noch ein weiteres Moment ist zu bedenken. Wenn die Institutionalisierung erst einmal eine gewisse Breite und einen hohen Grad an Organisiertheit erreicht hat, wird zur Stabilisierung und größeren Verbindlichkeit bestimmter Errungenschaften auf ihre institutionelle Festlegung gepocht, d.h. auf ihre feste Verankerung in das öffentliche Ordnungsgefüge. Mitbestimmung in der Schule z.B. (im Betrieb

[21] Charisma = Gnadengabe, Begabung; persönliche Tüchtigkeit, die nicht jedem gegeben ist.

erst recht) kann man nicht mehr dem Charisma engagierter Menschen überlassen. Das geht deswegen nicht, weil im Bereich Schule (Betrieb) die institutionelle Reglementierung so weit vorangeschritten ist, daß für charismatische Fähigkeiten kein Raum mehr ist. Also muß der Mitbestimmung verbindlich Raum geschaffen werden, und das geht nur noch institutionell (rechtlich, gesetzlich).

Diese Zusammenhänge sind zu bedenken, wenn weiter unten (z.B. S. 61) der Deutsche Bildungsrat zitiert wird, der für die *Institutionalisierung* größerer *Selbständigkeit* der Schulen und *Partizipation* der Schüler plädiert. Es ist allerdings fraglich, ob in unserer Gesellschaft *alle* Lebensbereiche institutionell und dazu noch bürokratisch verwaltet werden müssen. Das gilt nicht nur für Bereiche wie Freizeit, Reise, Erholung und Gesundheit, sondern auch für die Schule. Diese Arbeit geht davon aus, daß die Bürokratisierung dem pädagogischen Ziel der Schule im Wege steht.

Mit H. Schelsky können wir das bisher zu Institution Gesagte zusammenfassen und Institutionen als „objektiv festgelegte Systeme sozialer Handlungen" betrachten (Nr. 26, S. 10).

In den folgenden Abschnitten (a, b, c) wird noch weiter ausgeführt, was Institutionalisierung und Institution bedeuten. Dies geschieht zunächst (im Abschnitt a) dadurch, daß die sozialen Handlungen innerhalb der Institutionen näher bestimmt werden: man kann sie nämlich aufgrund ihres vorgeschriebenen, nur so und so gültigen Ablaufs als ritualisierte Handlungen bezeichnen.

a) Ritualisiertes Handeln und Rituale

Vorweg muß ein Wort zur Unterscheidung von Verhalten und Handeln gesagt werden. Diese Unterscheidung ist wichtig, weil sich hinter den Begriffen jeweils andere Theorien verbergen, hinter Verhalten eher psychologische, hinter Handeln eher philosophische. Außerdem zeigt bereits die Alltagserfahrung, daß es qualitativ unterschiedliche Aktionsebenen gibt[22].

Von Verhalten (amerik.: behavior) zu sprechen, ist vor allem durch jene amerikanische Psychologen geläufig geworden, die die Psychologie als die Wissenschaft vom Verhalten verstanden (z.B. Watson: Klassischer Behaviorismus; B.F. Skinner u.a.: Neobehaviorismus). Verhalten wird dabei die beobachtbare Veränderung eines Organismus genannt. Verhalten erfolgt (nach Skinner) entweder als Reaktion auf einen äußeren Reiz oder als Operation aufgrund innerer Triebimpulse (z.B. Nahrungssuche), deren weiterer Verlauf dann von Verstärkung (z.B. Erfolg, Lob) oder Nichtverstärkung abhängt.

In einem allgemeinen Sprachgebrauch meint Verhalten heute den beobachtbaren Ablauf des Umgangs der Menschen miteinander und mit den Dingen.

Wenn von Handeln die Rede ist, meint man den gezielten, sinnhaften, überleg-

[22] Vgl. hierzu vom Verf.: Moralische Erziehung als politische Bildung. Heidelberg 1977. Darin bes. Kap. 5: Verschiedene Aktionsebenen des Menschen.

ten Umgang der Menschen miteinander und mit den Dingen. Es wird berücksichtigt, daß nicht ein unmittelbarer Zusammenhang zwischen den äußeren und inneren Anregungen und dem Handlungsakt besteht, sondern dazwischen – grob gesagt – Wahrnehmung und Denken in bestimmten Kategorien (Sichtweisen) und Interessen stehen.

Viele unserer alltäglichen Handlungen, die übrigens immer in einem sozialen Kontext stehen und deshalb treffend als Inter-aktionen gesehen werden, sind gar nicht jeweils neu überlegt. Sie sind nicht Ergebnis eines rationalen Prozesses, sondern laufen – als eine Art sozialer Erleichterung – einfach ab. Ehemals waren sie, und sie sind es gelegentlich im Nachvollzug, Ergebnis der Erwägung; jetzt sind sie Handlungsmuster (Verhaltensmuster, -weisen). Von diesem Bereich der alltäglichen, ablaufenden Interaktion ist im folgenden Abschnitt die Rede. Wir nennen ihn den Bereich des ritualisierten Handelns.

Vom Handeln im expliziten Sinn der Einrichtung neuer Praxis aufgrund eines rationalen Kommunikationsprozesses wird später (Kap. 8) gesprochen.

> „Ritus nennen wir die sozial stereotypisierte, zur Regelform gewordene Ablaufsganzheit eines als korrekt geltenden Verhaltens“[23].

Nach Beispielen für Ritus befragt, werden die meisten Personen solche aus dem religiösen Bereich anführen. Daß aber fast unsere gesamte Alltagsinteraktion ritualisiert vonstatten geht, ist ihnen nicht bewußt.

Man muß den umfassenden Bereich der Konvention, des Anstandes und der Etikette, des Brauchtums und der Sitte, jedes institutionalisierten Handelns und alles Rollenhandeln tendenziell dem Bereich des ritualisierten Handelns zurechnen.

Das ritualisierte Handeln beruht – im Prozeß einer Institutionalisierung – auf dem Bedürfnis nach sozialer Sicherheit: es geht um Reibungslosigkeit der Alltagsinteraktion und Sicherheit des Auftretens. Die Reibungslosigkeit als Folge des automatischen Funktionierens aller Elemente der Interaktion erleichtert den Alltag und hat dadurch gleichzeitig die starke Tendenz, fortzudauern und so die gegebene Ordnung zu festigen. Die Handlungsweisen sind so weit habitualisiert,

> „daß das Individuum sich selbst keine Rechenschaft über die Antizipationen, d.h. über die Annahmen gibt, die sein Handeln leiten; es folgt ihnen gleichsam automatisch“[24].

Für die Institution Schule gilt – gefördert noch durch den hohen Organisationsgrad –, daß in ihr ritualisiertes Handeln besonders ausgeprägt ist. Ritualisierung umfaßt „die ganze ‚Schule‘ genannte Institution, d.h. die Gemeinschaftsform und die vorgeschriebenen Aufgaben, die entsprechend der herrschenden Technologie strukturiert sind“[25]. Verhalten und Handeln der Schüler, Lehrer und

---

[23] W.E. Mühlmann, Ritus. In: Die Religion in Geschichte und Gegenwart. Hrsg. v. K. Galling, Tübingen, 3.A. 1961, Bd. 5, Sp. 1127.

[24] K. Mollenhauer, Nr. 98, S. 17.

[25] E.H. Erikson, Die Ontogenese der Ritualisierung. In: Psyche 22 (1968) H. 7, S. 481–502, Zit. S. 496.

Schulleiter ist also determiniert und voraussagbar, und diese sind solcher Fremdbestimmung so lange unterworfen, wie nicht ein distanzierender kommunikativer Prozeß die Regelhaftigkeit unterbricht und verändert.

Innerhalb der Institution Schule lassen sich *ritualisiertes Handeln* und *Rituale*[26] unterscheiden. Ein *Ritual* ist die ausdrückliche (feierliche) szenische Darstellung eines Sinnzusammenhanges, die über eine bestimmte Situation hinaus auf alle Aktivitäten der Institution verweist, indem sie in starrem Vollzug die Bedeutung und Wichtigkeit aller Handlungen innerhalb des Systems herausstellt. Solche Rituale haben ausdrücklich integrierende Funktion.

Ritualisiertes Handeln bezeichnet (im Vergleich mit dem Sonderfall des Rituals) alle alltäglichen, erstarrten Interaktionsformen, die in ihrem Vollzug voraussagbar festliegen und nur sehr geringen Spielraum für das Einbringen der eigenen Lebensgeschichte, neuer Ideen und Phantasie ermöglichen. Über ihre Sinnhaftigkeit ist – als ob ein für allemal möglich – vorausentschieden.

Aus Ritualen besteht unser Handeln (nicht nur) in der Schule also weniger als aus ritualisierten Formen. Erstere kann man als die Hochform der letzteren begreifen. Gemeinsam ist beiden, daß sie im Vollzug nicht reflektiert und problematisiert, sondern mitvollzogen und gelebt werden; der einzelne wird durch den Zwang des ritualisierten Ablaufs kollektiv ergriffen und vereinnahmt. Die suggestive Wirkung beruht u.a. darauf, daß „es alle so tun", im Falle des Rituals noch in weihevoller Zelebration, die jegliche offene Distanzierung mindestens als indezent brandmarkt. Durch diese Suggestion erreichen Rituale und ritualisiertes Handeln genau das, was sie intendieren; im unweigerlichen Mitvollzug tun die Beteiligten bereits das, was das Ritual beschwörend als gut und richtig darstellt.

Als Beispiele für Rituale lassen sich die Aufnahme- und Entlaßfeiern aller Schularten mit den dazugehörigen Reden und integrierenden Darstellungsformen wie Musik, Gedicht, Aufführung eines Stückes nennen. Aber auch symbolische Handlungen, etwa bei Schulanfängern die Trennung der Kinder von den Müttern durch Hineinführung ins Klassenzimmer und die Schultüte als „Tröster" gegen Trennungsschmerz, gehören zu Ritualen[27]. Auch Schulfeste (Jahresfest, Gründungsjubiläum, Abitur, Sportfest) sind zu den Ritualen zu zählen[28].

Selbst die offiziellen (nicht spontan von Schülern einberufenen) Vollversammlungen oder Stufenversammlungen, an denen der Schulleiter Grundsätzliches und Wichtiges bekanntgibt, müssen zu den schulischen Ritualen gezählt werden[29].

---

[26] Vgl. hierzu Nr. 28.

[27] Vgl. hierzu Wellendorf, Nr. 28, bes. Teil II u. III.

[28] Die Verbindung solcher Feste mit Gottesdiensten gaben und geben der Tendenz der Rituale zusätzlich sakrosankte Bekräftigung.

[29] Verf. erinnert sich an folgenden Ablauf des Versammlungsrituals am Gymnasium:

Versammlung in der Aula	– Betonung des Besonderen, Wichtigen, das *alle* angeht.
Bei Erscheinen des Direktors an der hinteren Tür	– Hierarchie, Autorität, soziale Distanz, Stille, Ehrfurcht.

Auch für ritualisiertes Handeln seien einige Beispiele angeführt, zunächst das tägliche Zur-Schule-Kommen zur festgelegten Zeit. Hier wiederholt sich, was im Aufnahmeritual feierlich geschah: der Schüler akzeptiert (zwangsläufig) die in der Institution geltenden Regeln neu; die Lehrer und der Schulleiter setzen die Akzeptation voraus; sie schließen aus dem Kommen und der Anwesenheit grundsätzlich auf die Anerkennung des Systems.

Es gibt für den Schüler ,,kein institutionell legitimiertes Motiv mehr, den an ihn gerichteten Erwartungen nicht zu folgen" (Wellendorf, Nr. 28, S. 76). Alles Verhalten und Handeln, das von dieser Unterstellung abweicht, wird voraussichtlich – systemgemäß – als Auffälligkeit, Frechheit, Böswilligkeit oder Undiszipliniertheit ausgelegt.

Da Schule eine staatlich organisierte und beaufsichtigte Institution ist, hat das ritualisiert Dargestellte und auf seiten des Lehrers Unterstellte auch ein rechtliches Fundament, das K. Kaiser wie folgt zum Ausdruck bringt:

> ,,Die Schulpflicht bedeutet nicht nur Anwesenheitspflicht des Schülers, sondern hat seine rechtliche Verpflichtung zur Mitarbeit im Unterricht und zur Unterrichtsvorbereitung, zum aktiven Einsatz seiner Fähigkeiten und seines Willens zum Inhalt. Das Schulrecht verleiht der Schule die rechtlichen Mittel, um die Erfüllung dieser Verpflichtung zu erzwingen: Erziehungsmaßnahmen und Ordnungsmaßnahmen" (Nr. 118, S. 49).

Das ritualisierte Handeln setzt sich nach dem Schulgang in der Klasse fort: Einnehmen des festen Platzes, Erwarten des Lehrers, Begrüßungszeremoniell[30]. Der Ablauf der einzelnen Stunden ist wiederum voraussagbar gestuft: der Lehrer führt den Unterricht – den Plan für sich behaltend –, und die Schüler dürfen versuchen, den Plan herauszufinden (,,Worauf will er wohl hinaus?").

Diese Hinweise sollen hier genügen. Weitere Einzelheiten werden weiter unten im Zusammenhang mit der disziplinierenden Wirkung dieser Ordnungen behandelt werden.

Wir wollen uns im nächsten Abschnitt einer weiteren qualitativen Bestimmung von Schule als *Institution* zuwenden. Nicht nur Rituale und der Ablauf des rituali-

---

stehen auf ein Zeichen alle auf u. schweigen.	
Am Pult gibt der Direktor wortlos das Zeichen zum Setzen.	– Demonstration der Machtstellung.
Stille-Anrede-Pause	– Gewichtigkeit, Hinweis auf die Bedeutung des Kommenden.
,,Wir haben ...." ,,Wie Ihr *alle* wißt ...." ,,Unsere Schule ...."	– Integration

[30] In vielen Schulen und Klassen ist dieses Zeremoniell zusammengebrochen und dem Chaos gewichen oder dem Kampf des Lehrers, endlich zu Worte zu kommen. – Andere Lehrer sind froh, wenn das Zeremoniell noch funktioniert: Er kommt, geht zum Pult, wartet kurz, bis alle schweigen; er grüßt, alle antworten (stehend). Es folgen Kommandos: Setzen, Fenster ...., Bücher ...., überflüssige Mappen und Hefte ...., Aufpassen .....

sierten Handelns unterstreichen die ,,Selbstverständlichkeit" der institutionellen Gegebenheiten, sondern auch all das, was mit dem ,,materiellen Apparat" der Institution zusammengefaßt ist.

b) *Verdinglichte Handlungsanweisungen*

Bei der Besprechung des täglichen Schulweges wurde schon darauf angesprochen, daß diese ritualisierte Tätigkeit Bedeutung hat und eine Aussage trifft. Mit der Befolgung der jetzt unausgesprochenen Handlungsvorschrift wird diese doch in ihrem Inhalt akut und ist zugleich eine Mitteilung an die Lehrer und an die Schüler selbst.

Solche Mitteilungen gehen sogar von den Gebäuden, den Sachen, dem Apparat der Institution aus, denn diese enthalten eine im Zuge der Institutionalisierung verdinglichte Mitteilung: eine Handlungsanweisung. Zu dieser Feststellung kommt man durch Anwendung eines Ergebnisses der Kommunikationsforschung. Hiernach gibt es nämlich zwei grundsätzlich verschiedene Weisen, in denen etwas dargestellt und zum Inhalt von Kommunikation werden kann; entweder wird der Inhalt in Worte gefaßt, dann handelt es sich um digitale Kommunikation, oder der Inhalt wird durch andere, dinghafte Zeichen dargestellt, dann handelt es sich um analoge Kommunikation[31]. Zur letzteren gehören Gebärden und Gesten, symbolische Handlungen und die Aussagen durch eine bestimmte Abfolge von Handlungen (z.B. im Ritual).
Man kann nun noch einen Schritt weitergehen und die Sachen, Gebäude, den Apparat der Institution, insofern diese die dingliche Seite eines Normenkomplexes sind, als verdinglichte Mitteilung einer Handlungsanweisung ansehen. Man kann dann auch von diesen Mitteilungen als von analogen sprechen, die vor allem für die Beziehungen zwischen den von der Institution Betroffenen von Bedeutung sind. Nach Watzlawick u.a. jedenfalls bedienen wir uns für die Beziehungsdimension fast ausschließlich der analogen Kommunikationsform (Nr. 27, S. 63).

Es ist zu beachten, daß – wiederum nach Auskunft der genannten Forscher – digitale und analoge Kommunikation gleich wirkungsvoll sind. Man kann also annehmen, daß die mitteilende und beeinflussende Macht der verdinglichten Handlungsanweisungen ebenso real ist wie ein Befehl. Bevor ein Lehrer die Klasse betritt (und den Schülern vielleicht sehr persönlich begegnen will und ihnen deshalb ein Erlebnis aus seinem Privatleben erzählt), ist den Schülern bereits durch den Schulhof, das Schulgebäude, durch das gemeinsame (evtl. noch geschlossene) Betreten des Schulgebäudes zur festgelegten Zeit, durch die Flure, die Möblierung der Klassenzimmer, durch die Sitzordnung etc. längst mitgeteilt worden, daß sie sich zu Lehrern und zueinander in formelle, der Zweckrationalität der Institution entsprechende Beziehungen setzen müssen. Persönliche Anliegen haben hinter den offiziellen zurückzutreten.

---

[31] Vgl. Watzlawick u.a., Nr. 27, S. 61–68.

Freilich setzen diese Vorgänge keinen Denkprozeß mehr voraus, sie sind automatisiert: der Schüler und die Lehrer übernehmen ihre Rolle.

Weiter noch: Die Ausrichtung auf die Klassenfront teilt mit, daß der Lehrer der Führende ist. Daß alle gegenüber dem Lehrer sitzen, teilt die soziale Differenz zu ihm mit. Welche Komplikationen sich durch die institutionalisierten Festlegungen ergeben können, auch dann, wenn der Lehrer gerade einmal nicht nach Schema F verfährt, sondern ganz persönlich beginnen will, welche Interpretationsleistungen auf seiten der Schüler gefordert sind, all das läßt sich nun erklären.

Wir werden noch einmal auf diese Probleme zurückkommen. Hier sei nur noch erwähnt, daß die Schüler kommunizieren *müssen*, sobald sie in dieses Netz von Mitteilungen eingetreten sind, d.h. auch, daß Konflikte unausweichlich sind. Schüler können diesem *beinahe* fatalen Zusammenhang nur ausweichen, indem sie der gesamten Situation entfliehen oder fernbleiben, was als Schulschwänzen und Schulphobie hinreichend bekannt ist.

Das Schüler-Lehrer-Verhältnis ist oben bereits angesprochen worden. Es soll im folgenden als weitere qualitative Bestimmung der *Institution* Schule näher betrachtet werden.

c) Schüler-Lehrer-Verhältnis

Auch die Beziehungen zwischen Lehrern und Schülern, Schülern und Lehrern und Schülern untereinander sind durch institutionelle Bestimmungen festgelegt. Das ist vielen Lehrern und Lehrerstudenten gar nicht recht bewußt. Im Nachklang der geisteswissenschaftlichen Pädagogik, die das Schüler-Lehrer-Verhältnis allein auf persönliches Engagement zu gründen versuchte, glauben sie auch heute noch, mit Energie, Vertrauen und persönlichem Ansprechen seien die Probleme zu lösen, als seien Lehrer und Schüler doch unabhängige autonome Subjekte[32]. Erlebnisse wie das folgende, das sich Lehrer gerade unter Anwendung der hier dargestellten Zusammenhänge erklären könnten, führen dann bei jungen Lehrern zur Enttäuschung und ersten Resignation:

Häufig kann man als Lehrer erleben, daß ein Schüler, wenn man ihn unter vier Augen spricht und vielleicht an einem anderen Ort, ,,ganz anders" ist als in der Klasse. Man kann sich ,,vernünftig" mit ihm unterhalten und glaubt, nun seien die eigenen Worte auf fruchtbaren Boden gefallen. Wenn der Schüler aber dann wieder in der Klasse unter den anderen ist, scheint alles vergessen zu sein, und er gebärdet sich wie früher.

Erklärung: Kommunikation und Interaktion finden in Situationen statt, die unterschiedlich stark vorstrukturiert sind und dementsprechend auch unterschiedlich stark determinieren. Die Schul-/Klassen-Situation ist im Vergleich mit dem

[32] Einer ähnlichen Einstellung kann man in jüngster Zeit bei Vertretern der klientenzentrierten Therapie des amerikanischen Psychologen C. Rogers begegnen. Sie glauben, Schule verändern zu können, indem sie alles Institutionelle unberücksichtigt lassen und durch Gespräch von Person zu Person Wandlungen initiieren.

Gespräch unter vier Augen institutionell und gruppen„gesetzlich" weit stärker vorstrukturiert und bestimmt folglich das Handeln um so mehr. Dem Lehrer mag der Unterschied auch deshalb nicht auffallen, weil sein Part in beiden Fällen ähnlich ist (Dominanz). Die Unterschiede können auch innerhalb der ablaufenden Interaktion kaum wahrgenommen werden; dies wird erst in der distanzierten Metakommunikation möglich.

Die Beziehungen zwischen Schülern und Lehrern und umgekehrt wie auch die unter den Schülern können nicht allein von den Interaktionspartnern selbst erhandelt werden. Sie sind institutionell vorgegeben. Wenn die Betroffenen dies nicht einfach erleiden, sondern ändern wollen, so ist das nur unter Berücksichtigung der vorgegebenen Bedingungen zu leisten.

Zu ihnen gehört die bereits erwähnte soziale Differenz. Sie gelangt immer wieder zur meist analogen Darstellung, d.h. auch durch solche Lehrer, die „an sich" eine ganz andere Einstellung haben, nämlich eine schülerorientierte, und für eine symmetrische (gleichberechtigte) Kommunikation sind. Der hierarchische Unterschied zwischen Schülern und Lehrern wird z.B. dadurch analog zum Ausdruck gebracht, daß die Lehrer bei Festlichkeiten, Prozessionen und anderen offiziellen Auftritten von den Schülern getrennte Plätze einnehmen. Auch dadurch, daß die Lehrer während der Pausen nicht auf dem Schulhof sind, außer sie hätten Aufsicht (!), kommt die soziale Differenz zum Ausdruck. Das vom Schülerbereich getrennte Lehrerzimmer, in dem vielfach eine Anwesenheit von Schülern nicht geduldet wird, oder in modernen Schulen ein ganzer Lehrertrakt können als institutionelle verdinglichte Darstellung der sozialen Differenz aufgefaßt werden.

Daß der Lehrer im Klassenzimmer frontal gegenüber den Schülern seinen Platz hat, wirkt – wie der Frontalunterricht selbst – ebenfalls als analoge Mitteilung dafür, daß die Lehrer in der Hierarchie über den Schülern stehen und mit Macht ausgestattet sind.

Schließlich gehört in diesen Zusammenhang das Faktum, daß die Lehrer außerhalb des Unterrichts für die Schüler kaum ansprechbar sind und zwischen Berufs- und Privatleben stark unterscheiden.

Der institutionell fixierten Beziehungsdefinition entspricht auch die Erfahrung, daß die Schüler alle Initiative vom Lehrer erwarten und sogar – zum Erstaunen und Leidwesen mancher Lehramtsanwärter und Junglehrer – dessen autoritäres Vorgehen. Wie stark diese Vorgabe in die Erwartungshaltung eingegangen ist, erfährt der Lehrer dann, wenn er vor der Stunde auf sich warten ließ oder plötzlich verhindert war: auch in den oberen Klassen, in denen keine Vertretung nötig ist, fand „nichts" statt. Diesen selbstverständlichen Mechanismus, daß die Stunde ausfällt, wenn der Lehrer fehlt, kann man bis in die Grundstudiensemester (und höher) an den Hochschulen verfolgen.

Der in der didaktischen Diskussion beobachtbare Umschwung vom lehrerzentrierten zum schülerzentrierten Unterricht ist ebenfalls ein Zeugnis für die institutionell vorgegebene Lehrerzentriertheit des Systems. Auch daß der Schüler zum

Objekt eines technisch verstandenen und zu steuernden Lernprozesses wird, hängt mit der institutionsabhängigen Beziehungsdefinition zusammen. Es ist deshalb unmöglich, eine Didaktik der Betroffenen allein durch ein anderes Unterrichtskonzept zu erreichen.

Daß man die Bedeutung der vorgegebenen Elemente zur Beziehungsdefinition eher unter- als überschätzt, belegt auch das Phänomen der *Beziehungsfalle*. Dieses Phänomen wird von der Kommunikationsforschung in der sog. Doppelbindungs-Theorie behandelt[33]. In einer Doppelbindung befinden sich jene Menschen, denen gleichzeitig (analog oder digital) zwei einander ausschließende Handlungsanweisungen gegeben werden. Wer ständig unter solchen paradoxen Situationen zu leiden hat, lebt nach den genannten Kommunikationsforschern in einem Schizophrenie erzeugenden sozialen Klima. K. Mollenhauer erweitert Doppelbindungsinteraktionen dahingehend, daß er nicht nur einander ausschließende, sondern auch nicht-kongruente und widersprüchliche Mitteilungen zur Situierung einer Doppelbindung ausreichen läßt. Er hält diese Erweiterung für eine „die Aufklärung pädagogischer Probleme außerordentlich fruchtbare Hypothese"[34], für „eine Vermutung, die eine Art Basis-Merkmal unserer Art, mit der jungen Generation umzugehen, zum Vorschein bringt"[35]. Sich ausschließende Mitteilungen, erst recht widersprüchliche und nicht-kongruente, sind so zahlreich im Schulalltag gegenwärtig, daß man bei einer so erweiterten Hypothese annehmen müßte, die Schüler und Lehrer lebten in einer andauernden schizophrenogenen Situation. Man denke nur an die Widersprüche in der Lehrerrolle – z. B. pädagogischer Anwalt der Schüler versus Vertreter und Funktionär des staatlichen Schulsystems – und an die Versprechungen gegenüber den Schülern, sie würden zur Mündigkeit und Selbstbestimmung erzogen, während sie fortdauernd gegängelt und zum gutwilligen Mitmachen und Akzeptieren angehalten werden. – Zu dieser Problematik soll hier nur festgehalten werden, daß auch sie die Beziehung zwischen Lehrern und Schülern etc. auf der Basis institutioneller Bedingungen beeinflußt und möglicherweise pathogen wirkt. Mehr soll nicht gesagt werden, weil sowohl die Doppelbindungstheorie wie auch die Erweiterung auf Widersprüche umstritten ist[36].

Es muß nun ein Blick auf jenen Zweck geworfen werden, um dessen willen nicht nur das Lernen institutionalisiert wurde, sondern auch ein organisiertes „Bildungs"system entstehen konnte: dieser Zweck ist die Reproduktion der Gesell-

---

[33] Vgl. Watzlawick u. a., Nr. 27, bes. S. 194–203.

[34] K. Mollenhauer, Nr. 98, S. 94.

[35] Ebd., S. 94.

[36] Vgl. E. Stark und H. von der Haar, Zur Double-Bind-Hypothese in der Schizophrenieforschung, Nr. 125. – D. Paris, Die Grenzen des Double-Bind-Konzepts. Thesen. Nr. 122. – J. Ziegler, Kommunikation als paradoxer Mythos. Weinheim 1977. – Ähnlich wie K. Mollenhauer überträgt G. Vinnai die Doppelbindungstheorie auf gesellschaftliche Konfliktsituationen: G. Vinnai, Sozialpsychologie der Arbeiterklasse. Reinbek b. Hamburg 1973.

schaft und des Staates [37]. Seit die gesellschaftlichen Verhältnisse so komplex geworden sind, daß Lernen im Umgang der aufeinander folgenden Generationen nicht mehr ausreichte, den Fortbestand der Gesellschaft zu garantieren (Neuzeit, Industrialisierung), mußte über Institutionalisierung hinaus durch starke Organisation, Schulaufsicht und Schulpflicht die Reproduktionsfunktion gesichert werden.

Daß die Reproduktion der Gesellschaft durch ein institutionalisiertes *öffentliches* Bildungs- und Erziehungswesen erfolgt, bedeutet, daß sie unter der Leitung und Kontrolle des Staates steht. Der Übergang der politischen Ordnung des Mittelalters zu der der Neuzeit ist ein Übergang von zerstreuten eigenständigen Gewalten zu einer umfassenden Zentralgewalt (Absolutismus). Seitdem stehen Staat und Gesellschaft einander gegenüber. In diesen gleichen Prozeß, zu dem wesentlich auch ökonomische Veränderungen beigetragen haben, fällt auch die Entstehung des modernen Schulwesens.

„Staat – Gesellschaft ... und das öffentliche Bildungswesen beruhen auf denselben historischen Grundlagen; bis zu einem gewissen Grade gehen die Ausbildung von Staat und Schulsystem Hand in Hand ... Denn die Schulgesetzgebung ist ein Teil jenes sich ausweitenden Gesetzgebungsrechts, das die zentrale politische Gewalt in der frühen Neuzeit für sich beansprucht“ (Leschinsky/Roeder, Nr. 16, S. 39).

Eine historische Analyse der Entwicklung des Schulwesens im Zusammenhang mit der Entwicklung der Gesellschaft und des Staates geht weit über die Möglichkeiten dieser Arbeit hinaus. Hierzu wird der Leser auf Leschinsky/Roeder, Nr. 16 verwiesen.[38]

Wir werden uns im folgenden Kapitel mit dem Versuch einer systematischen Analyse der Funktionen des gegenwärtigen Schulwesens begnügen.

---

[37] Der Verzweckung des Lernens und der Bildung mußten Pädagogen immer wieder – so auch heute – zugunsten der Befreiung als genuin pädagogischem Sinn entgegentreten. Deshalb wurde oben Bildung einmal in Anführung gesetzt: Bildung im (kritisch) pädagogischen Sinn befreit zur Selbst- und Neubestimmung der Verhältnisse, dient nicht vorgefertigten Zielen.

[38] Einen kurzen Überblick gibt Christa Berg in Nr. 1.

Kapitel 4: Reproduktionsfunktion der Schule

„Öffentliche Schulen sind verwaltungsrechtlich gesehen nichtrechtsfähige öffentliche Anstalten, also Verwaltungseinrichtungen des Staates oder einer anderen öffentlich-rechtlichen Körperschaft, die eine gewisse organisatorische Selbständigkeit aufweisen, sachlich abgegrenzten öffentlichen Zwecken, nämlich der Unterrichtung und Erziehung der Schüler, dienen, jedoch keine eigene Rechtspersönlichkeit besitzen. Die Schüler sind im Sinne des Anstaltsrechts die Benutzer dieser Anstalt" (Kaiser, Nr. 118, S. 49).

Die „sachlich abgegrenzten öffentlichen Zwecke", Unterrichtung und Erziehung, werden in bezug auf die Wirkung unserer heutigen Schulen in dem Ausdruck „Reproduktionsfunktion" zusammengefaßt, die – in Teilfunktionen gegliedert – in diesem Kapitel zur Darstellung kommen soll.

Vorher muß aber noch darauf hingewiesen werden, daß diese Funktionen nicht offen zutage liegen und von vielen Lehrern und Schulpädagogen nicht gern gehört und genannt werden. Um diese Phänomene zu klären, empfiehlt sich eine Abgrenzung von Ziel, Zweck und Funktion, soweit dies möglich ist.

Lehrer und Schulpädagogen sprechen gern von Zielen, die unsere Schule habe, z. B. von Bildungs- und Erziehungszielen. Solche Ziele werden meist vage und allgemein formuliert, Menschenbildung, Persönlichkeit, mündiger Bürger, emanzipierte Beteiligung. – Von *Zielen* der Institution sprechen also zur Hauptsache die Insider.

Wissenschaftler, die vom ganzen Gesellschaftssystem ausgehend einzelne Bereiche und Einrichtungen innerhalb der Gesellschaft untersuchen, sprechen von *Zwecken* der Schule für die Gesellschaft, sie sehen Schule als Instrument der Gesellschaft, mit dem man etwas Bestimmtes erreichen kann. Man könnte erwarten, die Formulierung der Zwecke falle nüchterner und konkreter aus, aber die Formulierung von Kaiser: Unterrichtung und Erziehung der Schüler bleibt noch recht formal. Wie nah Zweck und Ziel zusammenliegen und daß Zwecke der Schule nicht einfach gegeben sind, wird deutlich, wenn man bedenkt, daß in einer demokratischen Gesellschaft im Wandel der Zweck nicht bloße Anpassung sein dürfte, faktisch aber möglicherweise lediglich Anpassung erreicht wird.

Selbst wenn man nach der Funktion einer Organisation fragt, läßt sich die Uneindeutigkeit nicht ganz aufheben. Von der allgemeinen Bedeutung des Begriffs Funktion als festgelegter Aufgabe (Auftrag, Dienstauftrag)[39] ist die soziologische Bedeutung des Ausdrucks *Funktion einer Organisation* zu unterscheiden. R. Mayntz stellt dazu fest:

„Als Funktion einer Organisation versteht man ihre Wirkung innerhalb des sie umfassenden Systems der Gesellschaft bzw. den Beitrag, den sie zu einem vom Betrachter als Norm gesetzten wünschenswerten Zustand dieses umfassenderen Systems leistet" (Nr. 17, S. 58).

---

[39] Z. B.: „In seiner Funktion als Lehrer, Ernährer der Familie und ehrenamtliches Mitglied der...". – Auch in diesem Sinne wird der Begriff in der vorliegenden Arbeit gebraucht.

Einerseits meint Funktion also die tatsächliche (z.T. empirisch erhebbare) Wirkung eines Teilsystems – in unserem Fall der Schule – innerhalb der Gesellschaft; zum anderen meint Funktion aber auch die Wirkung in bezug auf ein Ziel (Norm), z.B. die Gesellschaft auf ihre Schwächen, ihre Inhumanität, auf ausstehende Verwirklichung von Demokratie aufmerksam zu machen [40].

Spricht man von *Reproduktionsfunktion* der Schule, so ist damit gemeint, daß a) die Schule zum Zweck der Erhaltung der Gesellschaft und ihrer Standards eingerichtet worden ist und daß sie b) den Fortbestand der Gesellschaft tatsächlich (mit) bewirkt.

In diesem Sinne soll im folgenden von Reproduktionsfunktion der Schule die Rede sein, es soll deutlich werden, wie Schule diese Funktion erfüllt. Zugleich wird dabei aber auch eine Erwartung an unsere Schule mitschwingen: daß nämlich in einem gesellschaftlichen Demokratisierungsprozeß eine allein affirmative Reproduktionsfunktion nicht ausreicht, sondern eine kritisch-produktive hinzukommen muß, wenn wir den Anspruch an uns selbst in der Schule und durch die Schule erfüllen wollen.

Es könnte sich allerdings zeigen, daß sich aufgrund bestimmter Interessen und Mechanismen vor allem die Reproduktionsfunktion durchsetzt und der kritisch-produktive Beitrag be- oder verhindert wird.

Um nun auf die Ziele zurückzukommen und deutlich zu machen, wie eng Ziele, Zwecke und Funktionen beieinanderliegen, sei darauf aufmerksam gemacht, daß in den Zielen, wie sie von Lehrern, Schulpädagogen und auch Politikern zum Ausdruck gebracht werden, der Schule als pädagogischer Auftrag nicht nur eine reproduktive, sondern gerade eine kritisch-produktive Funktion zugesprochen wird.

Dieses letztgenannte Faktum bewahrt der Schule eine ,,relative Autonomie". Auf das verschachtelte Zusammenspiel von Reproduktionsfunktion und relativer Autonomie weisen P. Bourdieu und S.C. Passeron (Nr. 2) hin.

Sie stellen zunächst heraus, daß das Bildungssystem ,,nicht ausschließlich die Rolle eines rein ökonomischen Zwecken gehorchenden Industriebetriebes" spielt (S. 124), sondern aufgrund seines pädagogischen Auftrages eine relative Autonomie besitzt. Man muß sehen, daß auch dieser Sachverhalt der Grund dafür sein kann, daß besonders die am Bildungswesen professionell Beteiligten dasselbe als neutral und von gesellschaftlichem Einfluß, besonders aber von gesellschaftlichen Zwecken und Funktionen unabhängig wähnen. Die Schule habe zu bilden, sagen sie, das hieße, ein Resultat zu erreichen, das nicht direkt nutzbringend verwertbar sei.

Die tatsächliche relative Autonomie des Bildungssystems und der einzelnen Schulen ist auch der Grund dafür, daß viele Lehrer und Schulpädagogen betonen,

---

[40] Es gibt auch (z.T. unbeabsichtigte) Unter- und Nebenfunktionen, z.B. daß die Schule die Kinder und Jugendlichen auch von der Straße hält. Solche Nebenfunktionen bleiben im folgenden unberücksichtigt.

Bildung beziehe sich auf das Individuum, auf das Kind, den Schüler als Subjekt und Person. Dabei wird zum einen leicht übersehen, daß der Apparat, dem man professionell dient, faktisch dennoch die Individuen zur Verwertung präpariert, und zum anderen, daß es „Kind", „Subjekt", „Person" so losgelöst nur als Abstraktum, nicht aber als Realität des heutigen gesellschaftlichen Lebens gibt.

Bourdieu und Passeron weisen in ihrer Arbeit nach, daß das Bildungssystem seine Reproduktionsfunktion (äußere Funktion) nicht geradlinig, sondern gebrochen durch seine Eigenfunktion (innere Funktion) erfüllt. Dabei leistet es noch ein weiteres, nämlich die Tarnung der Reproduktionsfunktion durch sein nachdrückliches Verweisen auf die pädagogische Aufgabe und Autonomie, was schließlich dahin führt, daß sich die Beteiligten weitab vom „schmutzigen Geschäft" der Politik und Wirtschaft wähnen.

„Dadurch, daß das Bildungssystem eine Kultur und die gebildete Einstellung zur Kultur einübt und bestätigt, sorgt es für die Weitervererbung des kulturellen Kapitals und erfüllt gleichzeitig mit seiner sozialen Funktion der Reproduktion der Klassenbeziehungen seine ideologische Funktion der Verschleierung dieser Reproduktionsfunktion, indem es die Illusion der absoluten Autonomie des Bildungssystems hervorbringt .....

Gerade weil das Bildungswesen die besondere Fähigkeit besitzt, sich selbst autonom zu setzen und sich, indem es die Vorstellung von seiner Neutralität verbreitet, Legitimität zu verschaffen, ist es in der Lage, den Beitrag, den es zur Reproduktion der bestehenden kulturellen Ordnung leistet, zu tarnen. ....

Das Bildungssystem kann seine ideologische Funktion der Legitimierung der bestehenden Ordnung nur deshalb so vollkommen erfüllen, weil dieses Meisterstück an sozialer Mechanik, wie durch eine Verschachtelung doppelbödiger Schachteln, die Relationen verbirgt, die in einer Klassengesellschaft die Lehrfunktion, das heißt die Funktion der intellektuellen und moralischen Integration, mit der Funktion der Bewahrung der für diese Gesellschaft charakteristischen Struktur der Klassenbeziehungen verbinden" (Bourdieu/Passeron, Nr. 2, S. 146).

Es wäre ein Irrtum zu meinen, hier würde die relative Autonomie, die den Schulen aufgrund ihres pädagogischen Auftrags zukommt, negativ gesehen, also lediglich als verschleierndes Vehikel der affirmativen Funktion; die relative Autonomie, die bis zum einzelnen Lehrer durchdringt und Grund dafür ist, daß betriebswirtschaftliche und organisationstechnische Tendenzen (noch) nicht total durchschlagen, ist etwas Positives, das als Chance ergriffen werden muß. Auch eine kritisch-produktive Beantwortung des Problemkomplexes Disziplin, Konflikt und Gewalt wird ohne die relative Autonomie nicht auskommen[41].

Schließlich beruht auf dieser Chance und ihrer Nutzung auch das mögliche Wechselverhältnis zwischen Schule und Gesellschaft (und Staat), daß nämlich Schule nicht nur Funktion der Gesellschaft und des Staates ist, sondern diese auch Funktion der Schule sind[42].

---

[41] Vgl. N. Groddeck, Zwischen Ohnmacht und Omnipotenz. Über die pädagogische Restfreiheit im Lehrerberuf. In: Gesamtschule 9 (1977) H. 5, S. 16–18.

[42] Hier wird „Funktion" also in einem dritten, der Mathematik entlehnten Sinne gebraucht. Zum Verhältnis von Erziehung und Gesellschaft vgl. K. H. Schäfer, K. Schaller, Nr. 23 und, K. Schaller, Nr. 24.

Nach diesen Vorklärungen können nun die wichtigsten Aspekte der Reproduktionsfunktion skizziert werden:

a) Die Schule sorgt für *Qualifikation*,
d.h. für die Instandsetzung der Heranwachsenden zur Teilnahme am Produktions– und Reproduktionsprozeß; hiermit verbindet sich die *Allokation*, die mittelbare Zuweisung an den ,,Ort" (= Arbeitsplatz), an dem die Jugendlichen zukünftig tätig sein werden; sie steht im engen Zusammenhang mit b).

b) Die Schule besorgt die *Selektion*,
d.h. die Auslese für spätere Positionen. Zu diesem Zweck erteilt die Schule Berechtigungen und verteilt damit Sozialchancen.

c) Die Schule muß die *Integration* in eine Kultur und eine soziale und politische Ordnung betreiben,
d. h. die Übergabe traditioneller Inhalte, bestimmter Werte und Verhaltensweisen zur konformen Teilnahme am gesellschaftlichen Leben. Die Schule übt hierin auch ein. Die Heranwachsenden sollen lernen, ,,wer sie sind", durch Übernahme des kulturellen Erbes eine ,,Persönlichkeit" werden, und schließlich sollen sie lernen, ihre Bürgerrechte und –pflichten wahrzunehmen und ihre soziale Stellung und Berufsausübung als integrierenden Bestandteil des Ganzen zu verstehen[43].

Diese Aspekte innerhalb der Funktion, das spätkapitalistisch[44]-demokratische Gesellschaftssystem zu reproduzieren, sind im Sinne des Systems mit Erziehung und Bildung identisch. Obwohl auch viele bildungspolitische Zielproklamationen hierüber hinausgehen (z.B. Chancengleichheit, Individualisierung des Lernens, Mündigkeit, Emanzipation, Selbst– und Mitbestimmung), überwiegt die affirmative Sozialisierung.

Allerdings darf die Erfüllung der genannten Funktionen – auch aufgrund der relativen Autonomie des Bildungssystems – nicht mechanistisch gesehen werden. Die Reproduktion verläuft nicht reibungslos und störungsfrei: man denke nur an die Schüler- und Studentenbewegungen der 60er Jahre und die gesellschaftlichen Veränderungen, die durch sie angestoßen wurden.

In einem Gutachten für den Deutschen Bildungsrat geht Claus Offe (Nr. 22)

Gesellschaft und Staat können nicht einfach gleichgesetzt werden. Unter Staat werden die Funktionen, Personen und Apparate zusammengefaßt, die – in einer parlamentarisch-demokratisch sich regierenden Gesellschaft – die legitime Regierungsgewalt und die Regierungsgeschäfte ausüben. Insofern ist der Staat in der Gesellschaft wie auch ihr *gegenüber*.

[43] Vgl. zu diesen drei Aspekten H. Fend, Nr. 5.

[44] Zur Rechtfertigung des Begriffs ,,Spätkapitalismus" siehe C. Offe, Spätkapitalismus-Versuch einer Begriffsbestimmung. In: Ders., Strukturprobleme des kapitalistischen Staates. Frankfurt, 3. Aufl. 1975, S. 725: In der BRD wie in anderen westlichen Industrienationen ist die Logik kapitalistischer Entwicklung nicht überwunden, nämlich der Widerspruch zwischen wachsender Vergesellschaftung der Produktion und ihrer privaten Aneignung. Dies führt selbstdestruktive Tendenzen mit sich, die vom System mit Hilfe von Krisenmanagement (Staatsinterventionismus, Auffangmechanismen) zu bewältigen versucht werden.

auf diesen Zusammenhang ein. Der Versuch, die gesamtgesellschaftlichen Funktionen des Bildungssystems zu systematisieren, führt ihn zunächst zu vier Bezugspunkten:

„(1) die Probleme der stofflichen *Qualifikation* bzw. der Herstellung von Disponibilität der Arbeitskraft, (2) die gesellschaftliche *Integration* der Arbeitskräfte unter den Bedingungen kapitalistischer Produktionsverhältnisse, (3) die Beschaffung der Legitimationen, die das politische System im Hinblick auf das prekäre, d.h. weder einlösbare noch ignorierbare Postulat gesellschaftlicher *Gleichheit* zu besorgen hat und (4) die laufende *Substitution* von gesellschaftlichen Subsystemen, deren Funktionstüchtigkeit von der Dynamik der industriell-kapitalistischen Entwicklung beeinträchtigt worden ist“ (Nr. 22, S. 247).

Für den nicht störungsfreien und nicht total funktionalisierten Ablauf der Reproduktion führt Offe dann u.a. die *Unterdeterminiertheit* der Bildungspolitik und des Bildungssystems an, womit die Unbestimmtheit der Anforderungen z.B. durch die Beschäftigungssysteme gemeint ist; man kann sie als einen weiteren Faktor für die genannte relative Autonomie ansehen.

Über Sockelqualifikationen hinaus (Lesen, Schreiben, Sprechen, Rechnen) – so Offe – werde der Qualifikationsbedarf uneindeutig, so daß die Qualifikationsstruktur der Schule sich von konkreten Fertigkeiten auf allgemeine Fähigkeiten, Einstellungen und Arbeitstugenden, die an beliebigen Inhalten gelernt werden können, verschiebe. Bei Überwiegen der Legitimationsfunktion, gehe es in der Schule um

„die Ausstattung der Arbeitskraft mit einer unspezifischen Fähigkeit zur Anpassung an Veränderungen des Arbeitsmarktes sowie mit den zugehörigen Arbeitstugenden und institutionellen Loyalitäten ....“ (Nr. 22, S. 237).

Solche Unterrichtung muß nicht notwendig funktional, sie kann auch disfunktional wirken. Weil dem Bildungswesen die Integration folglich nicht total gelingt, vermutet Offe sogar,

„daß eine weitere Funktion von Bildungssystem und Bildungspolitik darin bestehe, gegen ihre eigene Absicht zu verstoßen, d.h. die Bedingungen von Konflikten zu schaffen, wo sie diese ausräumen will“ (Nr. 22, S. 248)[45].

Eine Analyse des Reproduktionszusammenhanges und seiner Wirkungen auf die Schülererfahrungen unternimmt auch K.J. Tillmann (Nr. 71). Er zeichnet allerdings ein allzu glattes Funktionieren der Reproduktion. Abgesehen von seiner vereinfachten Kapitalismusdarstellung übersieht er die relative Autonomie und mögliche Disfunktionalität der Schule, weshalb er auch bei der Analyse stehenbleiben muß.

Uns interessiert im folgenden, wie sich die Reproduktionsfunktion für Schüler–

---

[45] Vgl. zur Kritik an Offes Gutachten: Holger Brandes, Das Bildungssystem: unterdeterminiert, dysfunktional und parasitär? In: Demokratische Erziehung 3 (1977) H. 3, S. 315 – 326.

und Lehrerhandeln bemerkbar macht. Dazu kann auch Tillmanns Arbeit Auskunft geben.

Zunächst ist zu wiederholen, daß in der Schule generell unterstellt wird, alle Regeln, Verhaltensvorschriften, Einrichtungen und Maßnahmen dienten dem pädagogischen Auftrag (Erziehung und Unterricht), den Schule habe. Es wird nicht mehr danach gefragt, ob Lernen – auch als Aneignen von Kenntnissen und Fertigkeiten – nicht besser anders als unter den gegebenen Bedingungen sich vollziehen könnte. Die Normen sind vorab legitimiert, und vom Schüler wird „Disziplin durch Einsicht" verlangt.

„Forderungen der Institution nach Gehorsam und Unterordnung dienen prinzipiell dem Organisationszweck der Schule und brauchen im einzelnen nicht begründet zu werden. Vom Schüler ist zu erwarten, daß er diesen Anforderungen generell nachkommt" (Nr. 71, S. 77).

Wenn Schüler so wenig ihre Lebensbedingungen und Beziehungen in der Schule bestimmen können, gerät die Schule in die Nähe „totaler Institutionen", womit E. Goffman (Asyle. Frankfurt 1972) solche Institutionen bezeichnet, in denen der gesamte Ablauf durch und durch geplant ist, Identität nivelliert, alles Verhalten kollektiv gesteuert ist und von oben kontrolliert wird (Gefängnisse, Kasernen, Anstalten für Behinderte).

In Parallelisierung von Schule und totaler Institution stellt Tillmann weiter fest, daß die Kommunikationsstruktur, die in totalen Institutionen aufgrund der von außen definierten Beziehungen entsteht, gar nicht dem offiziellen Ziel diene, sondern der völligen Unterwerfung der Insassen unter die von Institution und Personal bestimmten Organisationsabläufe, was zugleich mit einer Unterdrückung der Identität und der Einübung systemkonformer Verhaltensweisen verbunden sei.

„Solche systemkonformen Verhaltensweisen entstehen, weil der Sozialisand unter den Bedingungen einer ‚totalen Institution' weniger die Systembedingungen in Frage stellt, denen er unterworfen ist, sondern sein Interesse vielmehr auf die Möglichkeiten des Überlebens bzw. des Erfolgs in der vorfindlichen Institution richtet" (Nr. 71, S. 78).

Mit anderen Worten wird hier noch einmal deutlich gemacht, was Bourdieu/Passeron oben (S. 31) das „Meisterstück an sozialer Mechanik" nannten: unter dem vermeintlich ausschließlichen Ziel der Erziehung und Bildung als Übergabe eines kulturellen Erbes und der Befähigung zu eigener Lebensgestaltung werden „unmerklich" Haltungen und Verhaltensweisen aufgeprägt, die letztendlich dem Fortbestand des bestehenden Sozial- und Wirtschaftssystems einschließlich seiner Ungerechtigkeiten dienen.

Schon bei genauerem Hinsehen fällt auf, daß sich die Prinzipien und Verkehrsweisen unserer Gesellschaft, für die unser Schulwesen faktisch ausrüstet, in der Schule widerspiegeln: Leistung (physisch u. als Ideologie), Wettbewerb, Konkurrenz. Die Hinzufügung in Klammern bedeutet, daß unter dem ideologischen Vorwand, jedem werde tatsächlich nach seiner Leistung vergolten, Leistung bis zu außerordentlicher und überfordernder physischer Art abverlangt wird. Wie für unsere Gesellschaft behauptet wird, Leistung sei das reale Kriterium für Aufstieg und Position und nicht etwa Herkunft (vom Legitimitätsvakuum dieser Behauptung wird weiter unten die Rede sein), so wird gerade dieses Leistungsprinzip herangezogen, um die Kontinuität zwischen Schule und späterem Leben darzustellen, ja die Zweckrationalität der Institution Schule wird sogar ,,unter dem Stichwort ‚Leistung' thematisiert" (Wellendorf, Nr. 28, S. 104). ,,Schulleistung wird .... als ein legitimes Kriterium für die Zuteilung beruflicher, ökonomischer und sozialer Chancen allgemein akzeptiert" (Nr. 28, S. 105).

Für die Leistungsrituale wie Klassenarbeiten, Tests und Prüfungen, in denen nachdrücklich dargestellt wird, was für den gesamten Schulalltag gilt, faßt Wellendorf folgende Merkmale zusammen:

,,a) Den Schülern wird eine generalisierte Leistungsmotivation zugeschrieben. Damit wird *die* Dimension von Sinn institutionell definiert, in der die Schüler mit den erwachsenen Interaktionspartnern und gegenüber den Mitschülern kommunizieren und interagieren müssen, wenn ihr Handeln als sinnvoll akzeptiert werden soll.

b) Das szenische Arrangement erscheint als eines, in dem eine faktische Motivierung zu den in der Schule erwarteten Leistungen auch möglich ist und zum Erfolg führt.

c) Gesellschaftliches Leistungsprinzip und schulisches Leistungsprinzip werden durch abstrakte, symbolische Gratifikationen miteinander verknüpft, so daß die schulischen Aktivitäten eine über die Schule hinausreichende Bedeutung haben" (Nr. 28, S. 127).

Dabei weiß jeder Lehrer aus der alljährlichen Erfahrung, und empirische Untersuchungen haben es erhärtet, daß die in Aussicht gestellten Karrieren und Schulziele von vielen Schülern gar nicht erreicht werden. Im Bundesgebiet erreichen je nach Land 15–20% eines Jahrgangs keinen Hauptschulabschluß. Von denen, die auf der Sexta den Versuch beginnen, erreichen bis zur Hälfte das Abitur nicht.

Einen aufschlußreichen Einblick in die Situation des Schulerfolgs und Schulversagens[46] gibt eine Längsschnittuntersuchung, die Lilly Kemmler unternommen hat. Aus dieser Untersuchung seien hier einige Daten wiedergegeben:

Von einer repräsentativen Stichprobe, die 224 Schüler(-innen) umfaßte, sind nach 4 Jahren Grundschule bereits 60 Schüler (= 26,8%) mindestens ein Jahr durch Sitzenbleiben oder Zurückstellung überaltert, 17 Kinder (= 7,6%) sind zwei oder mehr Jahre überaltert.

Von den 224 Schülern beenden 12 ihre Pflichtschulzeit auf der Sonderschule. 90 (= 40,2%) Schüler erreichen den Hauptschulabschluß, von den 101, die begonnen hatten, erreichten 11 den Abschluß nicht (= drop outs); die Hälfte der 90 schaffte es ohne Zeitverlust, ein Drittel hatte ein Jahr Zeitverlust, 3 Schüler hatten zwei Jahre Zeitverlust. 42 von den 224 Schülern erreichen den Realschulabschluß (18,8%), 47 Schüler waren von der Grundschule auf die Realschule übergegangen. Von den 42 schafften 19 die mittlere Reife ohne Zeitverlust, 16 hatten ein Jahr Zeitverlust, 4 zwei Jahre Zeitverlust und 3 drei Jahre, was immer noch 6,4% sind.

Von der Grundschule aufs Gymnasium gingen zunächst 71 Schüler, 37 von ihnen schafften das Abitur (52,2%, 16,5% der gesamten Stichprobe). Von diesen 71 schafften es 21 ohne Zeitverlust, 9 hatten ein Jahr, 7 (9,9%) zwei Jahre Zeitverlust.

[46] Zum Thema Schulversager vgl. auch das Heft b : e 9, 1977.

Dropouts gab es auch bei den Realschülern und Gymnasiasten, nämlich 2 Realschüler und 10 (!) Gymnasiasten, das sind zusammen 5,4% der Schüler an weiterführenden Schulen. Demnach sind nach dieser Stichprobe ohne Hauptschulabschluß: 12 Sonderschüler (5,4%), 11 Hauptschüler (4,8%), 12 Realschüler und Gymnasiasten (5,4%), insgesamt 35 Schüler oder 15,2% der Stichprobe[47].

Es ist Lehrererfahrung, daß es bei jeder Klassenarbeit einige Fünfen geben *muß*, denn im Hintergrund steht das ,,Gesetz": Eine rigorose Auslese ist so lange notwendig, wie Schule als Berechtigungswesen eingerichtet ist und die gesellschaftlichen Positionen hierarchisch gestaffelt bleiben.

Um den Widerspruch zwischen dem Ansporn zu hoher Leistung und der Realität beschränkter Möglichkeiten der Gratifikation zu beheben oder zu besänftigen, entwickeln Ausbildungsinstitutionen einen sozialen Mechanismus, der zur Linderung der strukturellen und individuellen Spannungen, die bei der Ausleseprozedur entstehen, beitragen soll. Im Laufe dieses Linderungsprozesses, den man auch ,,Cooling-Out" – Prozeß (Abkühlungsprozeß; Abkühlung der hohen Erwartungen nämlich) genannt hat, lernt der betroffene Schüler, sich mit seiner Rolle als Versager abzufinden, ohne daß dabei dieser Prozeß selbst durchschaut wird[48].

Stationen des ,,Cooling-Out"-Prozesses können sein: spätere Einschulung, Rückversetzung, Rückverweisung in andere Schularten, Sitzenbleiben, Ausschluß von besonderen Abschlüssen, Blaue Briefe, Elterngespräche, Schülerberatung[49].

Mit der Reproduktionsfunktion der Schule hängt auch zusammen, daß die Inhalte, mit denen Schüler sich in der Schule beschäftigen sollen, vorab feststehen. Der unantastbare traditionelle Kanon, der beharrlich festhielt, was Bildungsgut war, ist inzwischen mehr und mehr von Curriculumkonstruktionen abgelöst worden, die vielfach in einem Punkte mit den vergangenen Lehrplänen übereinstimmen: die Inhalte werden ohne die betroffenen Lehrer und Schüler festgelegt und gehen an der Schülerpraxis vorbei: Zwar kann darauf hingewiesen werden, daß es bereits Bemühungen gab und gibt, die Lehrer – weniger die Schüler – zu beteiligen, und daß (Curricula als) Richtlinien dem Lehrer mehr Spielraum lassen als inhaltlich stärker festgelegte Lehrpläne, aber was ein *Schüler* ist, was er wie erlebt, woher er kommt, das wird nach wie vor fast ausschließlich von den Institutionen festgelegt, zu denen Schüler nicht gehören.

H. Rumpf spricht angesichts dieser Zuschreibung von Schüleridentität von ,,Annahmen" über die Lebenswelt von Schülern und stellt fest:

> ,,In den Annahmen über die Kontexte, das Mitgebrachte, stecken Vorschriften – und in den Vorschriften stecken Leitbilder vom ‚richtigen Schüler', die der Unterricht wohl auch dadurch begünstigen soll, daß er sie voraussetzt und auf ihnen wie auf Selbstverständlichkeiten aufbaut"[50].

[47] Vgl. L. Kemmler, Schulerfolg und Schulversagen. Göttingen 1976. Daten auf S. 65-80.

[48] Vgl. B.R. Clark, Nr. 3.

[49] Vgl. auch F. Wellendorf, Nr. 28, S. 127-142.

[50] Garlichs/Heipcke/Messner/Rumpf, Didaktik offener Curricula. Weinheim 1974, S. 28.

F. Wellendorf stellt in seiner bereits häufiger zitierten Arbeit (die für den anstehenden Problemkomplex von grundlegender Bedeutung ist) heraus, daß der Organisationszweck der Schule geradezu einen Gegensatz zwischen Schule und Familie sowie Schule und außerschulischer Lebenswelt der Schüler herstellt.

„Der Organisationszweck der Schule scheint unter den Bedingungen des bestehenden Systems am leichtesten erfüllt zu werden, wenn die Interaktionspartner nach Möglichkeit an einer Darstellung ihrer persönlichen Identität im Interaktionsprozeß gehindert werden und die Differenz zwischen Familie und Schule unter der Hand in einen Widerspruch uminterpretiert wird. Dann aber erscheinen die aus früheren Interaktionsprozessen stammenden Erfahrungen im Umgang mit den eigenen Triebimpulsen, Bedürfnissen und Affekten im Interaktionssystem der Schule vorwiegend als ‚störend' d.h. als etwas, das abgewehrt werden muß" (Nr. 28, S. 199).

P. Fürstenau, der als einer der ersten auf die Identitätsproblematik für Schüler in der Institution Schule aufmerksam gemacht hat, sieht in der „Vereinnahmung" der Schüler, ihrer Lebenswelt und Erfahrungen gerade *die* typischen Züge der Institution Schule. Im Unterrichts„stoff" könne der Schüler seine Erfahrungen kaum wiedererkennen, denn die

„Ersetzung des Lernens in Lebenssituationen durch ritualisiertes Lernen in artifiziellen Schulsituationen gliedert die Gehalte des Weltverständnisses auf, isoliert sie und zerstört damit ihren vorherigen Sinnzusammenhang und das diesem Zusammenhang entsprechende intensive Gefühlserlebnis" (Nr. 9, S. 18).

Zwar wird durch das Leistungsprinzip, durch Konkurrenz und Wettbewerb (bis in die Methoden hinein) ein Zusammenhang zwischen Schule und Leben hergestellt und behauptet, die Schüler lernten fürs Leben, aber dies geschieht in einem abgetrennten Sonderraum, der gerade Schule als Institution mit ausmacht. Dieser Raum wird zur

„charakteristischen Institution Schule, indem er sich gegenüber der übrigen Gesellschaft abschließt, so daß das außerschulische Leben, insbesondere auch das der Lehrer und Schüler, möglichst wenig unkontrolliert in die Schule hineinreicht. Legitim kann es in die Schule nur eindringen, wenn es sich den der Schule eigenen Formen zeremoniellen Umgangs: dem Unterricht und der mit ihm verbundenen Erziehung, fügt" (Fürstenau, Nr. 9, S. 16).

In den letzten beiden Kapiteln sollte herausgestellt werden, wie es der Schule zum Zwecke der Reproduktion unserer Gesellschaft gelingt, Haltungen und „Tugenden" zu vermitteln, die in der heutigen industriellen und bürokratischen Arbeitswelt gefordert werden.

Es sollte deutlich werden, daß ihr dies dadurch gelingt,

„daß hier wie dort die soziale Situation durch hierarchische Anordnungsbefugnisse und die Ökonomie der Zeit organisiert ist, daß eine formale Anstaltsdisziplin herrscht, daß individueller Wettbewerb und individuelle Bewertung gefördert und kooperative Tugenden eher beeinträchtigt werden, daß ‚extrinsische', d.h. nicht in der Tätigkeit selbst, sondern in ihrem äußerlichen Tauschwert (hier Noten, dort Geld) gelegene positive Sanktionen verwendet werden, und daß als negative Sanktion der Verlust des sozialen Status und die Aussonderung aus informellen Bezugsgruppen angedroht wird" (Offe, Nr. 22, S. 235).

Mit der letzten Bemerkung ist angedeutet worden, daß die Kommunikations-

und Interaktionsformen der Institution Schule vom ersten Schultag an nur mit Zwang durchgesetzt werden können. Die Lehrer haben die Kinder (Schüler) zur Unterrichtshaltung, d. h. zu institutions- und organisationskonformem Verhalten hinzuführen, und dazu ist ihr Amt mit Zwangsmitteln (Erziehungs- und Ordnungsmaßnahmen) ausgestattet.

Damit sind wir an den Kern unserer Problematik gestoßen, der sich in der Reihung: Disziplinierung – Konflikte – Gewalt ausdrückt. Mit ihm setzen wir uns im nächsten Kapitel auseinander.

Kapitel 5: Disziplinierung – Konflikte – Gewalt

a)Schule als Disziplinierungsanstalt

In unseren Schulen wird dermaßen viel diszipliniert, daß man sie als Disziplinierungsanstalten bezeichnen kann. Nach einer häufig zitierten Untersuchung von R. Tausch[51] wird ein Lehrer alle 2,6 Minuten mit einer unterrichtlichen Konfliktsituation konfrontiert. In den meisten Fällen muß er ausdrücklich disziplinieren; wir werden im folgenden sehen, daß die Lehrer obendrein kontinuierlich unausdrücklich disziplinieren.

Innerhalb einer Untersuchung von K.B. Urban (Nr. 72) über die Bedingungen des politischen Lernens bei Schülern wurde den Schülern auch die Frage vorgelegt: „Und worauf legen die Lehrer bei Eurer Erziehung in der Schule vor allem Wert?" Es gab 11 Antwortmöglichkeiten, die Befragten hatten drei Nennungen. Es antworteten:

„Auf Ordnung und Disziplin"	69%,
„Auf Fleiß und Leistungsbereitschaft"	57%,
„Auf die Fähigkeit, sich richtig auszudrücken"	35%,
„Mit anderen zusammenarbeiten zu können"	33%.

(Die übrigen 6 Antwortmöglichkeiten erhielten unter 25%, keine Antwort gab 1%).

Die Aussage des Befundes wird erst dann ganz deutlich, wenn man bedenkt, daß auch die zweite und dritte Antwortmöglichkeit Disziplinierung enthalten.

In Kapitel 2 wurde für schulische Disziplin herausgestellt, daß sie die Aspekte Ordnung und Einordnung umfaßt und als dritten Aspekt den mit der Institution gegebenen Zwang einschließt. Disziplinierung sind demnach all die Einrichtungen und Maßnahmen zu nennen, die Ordnung und Einordnung ermöglichen, herstellen und erzwingen. Sie sollen im Abschnitt a) dieses Kapitels schwerpunktmäßig (also nicht vollständig) dargelegt werden.

Dabei wird auf eine schulartspezifische Unterscheidung verzichtet. Gewiß werden die Schultypen nach Art und Umfang der Disziplinschwierigkeiten differieren. Für die Grundschule kann z.B. angenommen werden, daß die Disziplinierung außer über Lehrersprache und Situationsdefinition (wird auf den nächsten Seiten erklärt) weitgehend über die affektive Schüler-Lehrerbeziehung gelenkt wird. Grundschüler sind stark personorientiert, sie legen Wert darauf, die Beliebtheit auf seiten des Lehrers zu behalten, und Lehrer nützen das – u.U. ohne es zu wissen – aus. Ein Beispiel dafür, wie Leistungsdruck, Disziplinierung und Beliebtheitskomponente in der Grundschule miteinander verbunden werden, ist die verbreitete Praxis, den Kindern je nach Güte der Leistung verschieden zahlreiche Blümchen oder unterschiedlich „wertvolle" Tierchen unter die Arbeit zu stem-

[51] A. u. R. Tausch, Nr. 148, S. 295 ff.

peln und im Falle der Geringschätzung und Minderbewertung einer Leistung statt Blümchen und Tierchen nur einen Haken darunter zu machen.

Für die herkömmlichen weiterführenden Schularten (incl. Hauptschule) und für die Gesamtschule kann hier auf eine Untersuchung von H. Fend u.a. (Nr. 7) hingewiesen werden. Danach unterscheiden sich die Schüler der herkömmlichen Schulformen hinsichtlich ihres abweichenden Verhaltens nicht; in allen Schulen läßt sich ein Syndrom ,,abweichenden Verhaltens" identifizieren. Neben Unterschieden zwischen Mädchen und Jungen, Stadt und Land fällt die Häufung des abweichenden Verhaltens an Gesamtschulen auf (zur Erklärung vgl. a.a.O.).

Der Bedingungszusammenhang, um dessen Verdeutlichung es im vorliegenden Beitrag geht, ist für alle Schularten gleich. Die Disziplinierungsmaßnahmen, die beschrieben, und die Beispiele, die gegeben werden, sind entweder allgemein für alle Schularten gültig oder es ist zu erkennen, auf welches Alter sie sich beziehen. Auf eine strenge Unterscheidung nach Schularten kann jedenfalls verzichtet werden[52].

Unter dem Aspekt der Disziplinierung kann zunächst noch einmal auf Sachverhalte hingewiesen werden, die schon im Zusammenhang mit Institutionalisierung zur Sprache gekommen sind: das auf Zweckrationalität tendierende Szenarium der Schule und des Unterrichts selbst hat bereits disziplinierende Wirkung. Hierzu gehören: feste Zeiten, Stundenplan, Pausenrhythmus und Schellenzeichen; die Anordnung im Klassenzimmer, das Begrüßungsritual; Sprechzeiten der Lehrer, des Schulleiters, des Sekretariats; der allgemeine Leistungsdruck und vor allem Zensuren und Zeugnis.

Disziplinierend wirkt auch die Unterrichtsführung. Die verbreitetste Unterrichtsform ist immer noch der Frontalunterricht, bei dem alles vom Lehrer ausgeht und dieser zumeist die Schüler im fragend-entwickelnden Frage-Antwort-Spiel an sein Ziel zu führen versucht. Die Schüler bleiben zunächst über Verlauf und Ziel uninformiert, sie sollen aufmerksam dem Gedankengang des Lehrers folgen. Die ständige selektive Entscheidung des Lehrers, welcher Schülerbeitrag zur Erreichung seines Zieles geeignet ist und welcher nicht (der dann beiseite geschoben werden muß), ist bei diesem Unterricht als besonders feines Instrument der Disziplinierung zu beachten.

Disziplinierende Wirkung hat – unter anderem Aspekt bereits erwähnt – die Auswahl der Unterrichtsinhalte. Das in der gesellschaftlichen Praxis Zusammengehörige wird für Unterrichtszwecke isoliert und zum Gegenstand verfremdet.

> ,,Die Momente der Erwachsenenkultur werden beim Einzug in die Schule als ,Unterrichtsgut', ,Lehrstoff' ihres ursprünglichen Bedeutungszusammenhanges und der ihm eigenen emotionalen Mächtigkeit beraubt. Kein Moment der Kultur kann innerhalb der Schule seine außerschulische Dynamik frei weiterentfalten. Historische Ereignisse, Zeugnisse

---

[52] Für solche Unterschiede vgl. Fend u.a., Nr. 7, Nr. 8, Nr. 86 u. Nr. 131. – Freilich gibt es auch Unterschiede zwischen den Fächern; z. B. haben Musik- und Religionslehrer es oft besonders schwer. Aber auch auf diese Unterschiede wird aus den genannten Gründen nicht eingegangen.

fremder Kulturen, Dichtungen werden institutionseigenen schulischen Zwecken dienstbar gemacht. Durch Auswahl, Bearbeitung, mindestens aber Interpretation und zeitliche Dosierung ihrer Wirkung werden sie den Unterrichtszielen der Schule angeglichen" (Fürstenau, Nr. 9, S. 18).

Diesem selektiven und adaptiven Vorgang, alle ehemals dynamische Praxis in Gegenstände für Stoffpläne, Unterrichtsreihen, -elemente und -phasen zu transformieren, fällt auch die Lebenspraxis der Schüler selbst zum Opfer. Entweder wird sie ganz ausgeschlossen, weil sie die von der Institution geforderte Identität stören würde, oder sie wird für Unterrichtszwecke aufbereitet und damit verfälscht. H. Rumpf vertritt deshalb in bezug auf die Praxis der Schüler als das „Mitgebrachte" die These:

„Ansprechbarkeiten und Möglichkeiten, die aus dem situativen Kontext, aus dem ‚Mitgebrachten' herrühren, werden gewöhnlich nur unter dem Gesichtspunkt erkundet, was sie für die institutionell etablierten Schulmöglichkeiten hergeben: der Spielraum des Abtastens, des Sondierens von Kontexten ist eingeschränkt durch den Auftraggeber dieses Abtastens – und das ist die Institution Schule, wie sie sich als ‚normal' ins Bewußtsein der an ihr Beteiligten geprägt hat"[53].

Auf diese Weise entstehen Lern- und Kommunikationsverbote. Die Interessen der Schüler, ihr Gefühlsleben, ihr Wünsche, Pläne und Aktivitäten, ihr politisches Engagement, ihre Erfahrungen mit Eltern, Alten und Ausbildern und besonders ihre Erfahrung der Sexualität sind aus dem Unterrichtszusammenhang exkommuniziert [54].

Eine weitere funktionale – unausdrückliche – Disziplinierung ist die Lehrersprache selbst. Hier ist besonders der integrative Sprachstil zu nennen („*Wir* haben in der letzten Stunde...". „*Wir* haben erkannt...". „Wer kann *uns* sagen...?" So etwas kommt bei *uns* doch wohl nicht vor...!") [55] Im Extremfall schließt solches Sprechen alles andere Denken, jede Kritik aus; wer dennoch bei sich denkt oder fragt, muß sich schon als Außenseiter vorkommen; und wer laut in Frage stellt, gilt bereits als einer, der den Unterrichtsfluß stört. Zur Disziplinierung durch Lehrersprache gehört auch die Nicht-Reversibilität der Wortwahl; das heißt, daß die Schüler nicht ohne Verletzung der Höflichkeit (oder ähnlichem) das gleiche Vokabular wie der Lehrer benutzen können [56].

Selbst die Art, wie der Lehrer die Schüler anredet, enthält ein Disziplinierungselement. Abgesehen davon, daß der Lehrer sich nicht von den Schülern duzen lassen soll, können Lehrer in der Form der Anrede recht feinsinnig und intensiv disziplinieren; so z. B. in Oberstufenklassen dadurch, daß Jungen mit Hausnamen

---

[53] Garlichs u. a., Didaktik offener Curricula. Weinheim 1974, S. 29.

[54] Vgl. die detaillierte Behandlung dieses Problems unter dem Aspekt persönlicher und sozialer Identität bei F. Wellendorf, Nr. 28.

[55] Ähnlich integrativ ist auch das „Wir", mit dem in diesem Buch der Autor den Leser einbeziehen will. Also Vorsicht! Der Leser wird darauf hingewiesen, daß das „Schwarz auf Weiß" dazu verführen kann, das Fragen einzustellen.

[56] Vgl. hierzu R. u. A. Tausch, Nr. 148, S. 368 ff.

angesprochen werden: „Meyer, wiederholen Sie die Schlußfolgerung!“ und Mädchen mit Vornamen: „Jutta, würden Sie bitte unser Ergebnis noch einmal in Erinnerung rufen!“

Noch eine weitere intensive Art, durch verbale Kommunikation zu disziplinieren, muß erwähnt werden: die suggestive Situationsdefinition. Der Lehrer kann verbal eine Situation so festlegen, daß die Schüler nur noch auf eine bestimmte erwünschte Weise reagieren können, wenn sie nicht als Spielverderber, Störenfried oder Verletzer eines (scheinbaren) Gebotes dastehen wollen: „So etwas gibt es in unserer Klasse einfach nicht!“ – „Es wird ja wohl niemand auf die Idee kommen...!“ Ein öfter herangezogenes Beispiel stammt von dem amerikanischen Kulturanthropologen J. Henry:

„Die Beobachterin betritt das Klassenzimmer des fünften Schuljahres. Die Lehrerin fragt: ‚Wer von den netten, höflichen Jungen möchte den Mantel (der Beobachterin) nehmen und ihn aufhängen?‘ Aus dem aufgeregten Fingerknipsen scheint hervorzugehen, daß alle diesen Ehrentitel für sich beanspruchen möchten. Die Lehrerin wählt ein Kind aus, das den Mantel der Beobachterin nimmt. Die Lehrerin fährt fort: ‚Na, Kinder, wer möchte (unserem Besuch) erzählen, was wir zuletzt gemacht haben?‘ Wie üblich meldet sich alles. Ein Mädchen wird ausgewählt, um es zu erzählen...

Die Lehrerin bestritt die Rechenstunde überwiegend mit der Frage: ‚Wer möchte uns die Lösung für die nächste Aufgabe sagen?‘ Auf diese Frage meldete sich gewöhnlich die ganze Klasse[57], knipste aufgeregt mit den Fingern und stritt sich offenbar darum, wer antworten durfte“ (Nr. 46, S. 25).

Daß Schüler auf diese Weise früh in eine Zwangs- und Doppelmoral eingeübt werden, wird dann offenkundig, wenn die Formulierung des Lehrers die unfragliche Güte und Richtigkeit des gebotenen Verhaltens mitenthält: „Ein guter Schüler wird nicht auf das Heft des Nachbarn schielen!“ – „Ich könnte die Klasse verlassen, und ein guter (charakterfester) Schüler würde dennoch nicht mogeln!“

Die dominierende Wirkung der Situationsdefinition durch den Lehrer kommt vor allem dadurch zustande, daß ihm aufgrund seines Amtes disziplinierende Funktion zukommt. Es handelt sich um funktionale Macht, die der Lehrer nicht mit Willen und Bewußtsein ausüben muß. Zwar kann der Lehrer seine Funktion (Rolle) mit persönlicher Machtlust aufladen oder bestätigen, wie er ja auch – in Grenzen – auf seine Macht verzichten kann. Es soll aber betont werden, wie sehr auch der Lehrer in der ablaufenden Alltagsinteraktion den institutionellen Bedingungen unterworfen ist.

Ein Beleg hierfür ist z. B. – Disziplinierung und Macht betreffend – die Erfahrung, daß in ungeregelten Situationen das Erscheinen des Lehrers, besonders des Schulleiters, genügen kann, um wieder Ordnung und Ruhe einkehren zu lassen [58].

---

[57] Lehrer wissen, daß sich bei solchen Fragen auch die Kinder melden, die die Lösung gar nicht kennen!

[58] Freilich kann der Lehrer auch seine Macht dadurch verlieren, daß die Schüler die Macht übernehmen.

Daß bereits das Erscheinen des Lehrers disziplinierende Wirkung hat, trägt nicht wenig zum „Feindbild Lehrer" bei.

Auf einen weiteren Aspekt der disziplinierenden Funktion des Lehrers und seiner institutionellen Macht weist P. Fürstenau hin:

„Der institutionelle, d. h. hier: der unterrichtliche und erzieherische Effekt dieser Versammlung (der Schulklasse, J.F.) liegt in der möglichst vollständigen Monopolisierung der Trieb- und Interessenbefriedigung beim Lehrer. Durch die Zusammenfassung (zu einer Klasse, J.F.) und durch die Ausschließung der sonstigen Lebensverhältnisse werden alle Bedürfnisse der Kinder dem Lehrer zur Disposition und Kontrolle gestellt" (Nr. 9, S. 17).

Im Zusammenhang mit der Definitionsmacht des Lehrers muß auf einen interaktionistischen Forschungsansatz hingewiesen werden, dem sich in den letzten Jahren auch Wissenschaftler in der BRD zugewendet haben: auf den „*labeling-approach*" (= Definitions- oder Etikettierungs-Ansatz). Forscher dieses Ansatzes untersuchen die *negativen Karrieren* von z. B. Jugendlichen unserer Gesellschaft, wobei für sie diese Karrieren nicht so sehr in Eigenschaften und den Handlungen selbst begründet sind, als vielmehr in Prozessen der Definition, Einschätzung, Abstempelung durch die anderen. In diesem Prozeß der Etikettierung oder Stigmatisierung spielen jene Personen eine wichtige Rolle, die mit besonderer Definitionsmacht ausgestattet sind: Lehrer, Sozialarbeiter, Polizeibeamte und Richter.

Aus einer einschlägigen Forschungsarbeit von Brusten/Hurrelmann (Nr. 113) lassen sich folgende Stationen im Prozeß der Stigmatisierung aufstellen:

Zunächst nimmt jemand bei einer anderen Person, z. B. ein Lehrer bei einem Schüler, ein bestimmtes Handeln wahr und schätzt es ein: „So etwas nenne ich Faulheit."

Dann wird der Schüler selbst typisiert, mit einem Etikett versehen: „Er ist ein fauler Schüler."

Die dritte Station besteht darin, daß die Typisierung auf seiten des Definierenden, hier des Lehrers, zu einem allgemein gültigen Vorurteil wird: „Diese Arbeit kann nicht gut sein, denn bei der Faulheit..." Der Prozeß hat die Stereotypisierung erreicht.

Die vierte Station ist erreicht, wenn der Lehrer seine Typisierung und Stereotypisierung der Klasse mitteilt und diese beide allmählich übernimmt: der Betroffene hat ein Stigma (Merkmal) erhalten und damit einen neuen (schlechteren) sozialen Status.

Schließlich macht sich der Betroffene das Stigma zu eigen, er identifiziert sich damit: „Ich bin faul..., auffällig, gefährdet." Es fehlt nicht viel, und der Schüler bestätigt den anderen und sich durch sein Handeln, daß wirklich der Fall ist, was man von ihm sagt.

Eine mögliche letzte Station dieses Prozesses ist die Einschaltung der Öffentlichkeit in Gestalt der Erziehungsberatung, des Jugendamtes oder je nach „Fall" anderer Behörden. Mit diesem Schritt setzt dann oft ein Mechanismus ein, der die negative Karriere bis zur Delinquenz und Kriminalität endgültig besiegelt[59]. Es liegt auf der Hand, daß diese Forschung wie das zu erforschende Phänomen für Schule und Lehrer von erheblicher Bedeutung sind. Deshalb sollte hier wenigstens darauf hingewiesen werden. Zur Ergänzung und Vertiefung muß auf die einschlägige Literatur verwiesen werden[60].

Zu den bisher genannten, mit der Institutionalisierung von Lernen selbst gegebenen Disziplinierungsmechanismen (unausdrückliche Disziplinierung) kommen jene zahlreichen ritualisierten Handlungen zur Disziplinierung hinzu, die jedem Lehrer (als ausdrückliche Disziplinierungsmaßnahmen) geläufig sind: das kontinuierlich in die Interaktionen eingestreute Ermahnen, Aufmerksammachen, zur Ordnung rufen etc. in unterschiedlichem Ton und variierender Lautstärke; das Drannehmen, wenn einer sich nicht meldet oder nicht aufpaßt; von Unruheherd zu Unruheherd gehen und evtl. eingreifen; Schüler auf einen anderen Platz setzen oder hinausschicken u. a. m.

Neben den berühmt-berüchtigten Straf-Übungs-Sonderaufgaben gibt es endlich die offiziellen Ordnungsmaßnahmen, die dem Lehrer hierzulande von Rechts wegen zur Verfügung gestellt werden: schriftlicher Verweis, Versetzung in eine Parallelklasse, Ausschluß vom Unterricht für bestimmte Zeit, Androhung der Entlassung, Entlassung, Androhung des Ausschlusses und Ausschluß von allen Schulen der betreffenden Schulart oder gar von allen Schulen des Landes auf Zeit oder endgültig (vgl. Kaiser, Nr. 118, S. 54).

Für Nordrhein-Westfalen sind als den Ordnungsmaßnahmen vorgelagerte „Maßnahmen erzieherischer Einwirkung" vorgesehen: formlose, auch mündliche Warnung; Rüge und Eintragung ins Klassenbuch; Tadel mit schriftlicher Mitteilung an die Eltern; Ausschluß von der laufenden Unterrichtsstunde und Nacharbeit unter Aufsicht.

Als Ordnungsmaßnahmen sieht das „Gesetz zur Änderung des Schulverwaltungsgesetzes" NW vom 5. Juli 1977 (GV. NW. S. 284) im neuen § 26a vor:

1. Schriftlicher Verweis durch die Klassenkonferenz.
2. Überweisung in eine parallele Klasse oder Lerngruppe durch die Stufen- bzw. Gesamtkonferenz.
3. Ausschluß vom Unterricht und von sonstigen Schulveranstaltungen von einem

---

[59] Es ist die große Gefahr aller schulischen Disziplinarkonferenzen, daß sie – den Mechanismen des ritualisierten Konferenzablaufs und anderen Belastungen unterworfen – pädagogisch unbedacht eine oder mehrere Stationen des Stigmatisierungsprozesses realisieren und damit Entscheidungen fällen, die in ihrer u. U. das gesamte Leben des Schülers bestimmenden Funktion gar nicht ermessen wurden.

[60] M. Brusten/K. Hurrelmann, Nr. 113. – M. Brusten/I. Hohmeier, Hrsg., Stigmatisierung, 2 Bde. Neuwied 1975. – E. Goffman, Stigma. Frankfurt 1967. – H. G. Homfeldt, Stigma und Schule. Düsseldorf 1974. – Ders., Nr. 50. – F. Lösel, Prozesse der Stigmatisierung in der Schule. In: Brusten/Hohmeier, Bd. 2. – A. Treppenhauer, Nr. 126.

Tag bis zu zwei Wochen durch die Klassenkonferenz, in dringenden Fällen vorab durch den Schulleiter.
4. Androhung der Entlassung von der Schule durch die Gesamtkonferenz.
5. Entlassung von der Schule durch die Gesamtkonferenz (bei schulpflichtigen Schülern durch die untere Schulaufsichtsbehörde).
6. Androhung der Verweisung von allen öffentlichen Schulen des Landes durch die obere Schulaufsichtsbehörde.
7. Verweisung von allen öffentlichen Schulen des Landes durch die obere Schulaufsichtsbehörde.[61]

Als äußerstes Disziplinierungsmittel kommt in unseren Schulen immer noch die körperliche Züchtigung vor. Zu diesem wunden Punkt seien hier nur einige Hinweise gegeben. In diesem Jahrzehnt haben fast alle Bundesländer ein Verbot der körperlichen Züchtigung erlassen. In Nordrhein-Westfalen z.B. müssen die Lehramtsanwärter vor Antritt ihres Referendariats durch Unterschreiben des sog. Züchtigungsparagraphen dieses Verbot akzeptieren.

Eine Ausnahme bildet das Saarland, das den Lehrern ein Gewohnheitsrecht zu mäßiger körperlicher Züchtigung zugesteht. Dieses Gewohnheitsrecht spielt trotz der Länderverbote und trotz rechtlicher Einordnung der körperlichen Züchtigung als Körperverletzung in der Rechtsprechung aller Instanzen bis hinauf zur Bundesebene eine wichtige Rolle. Beklagte Lehrer werden immer noch aufgrund dieses Gewohnheitsrechtes freigesprochen. Erst ein Urteil des Bundesgerichtshofes vom August 1976 deutet eine endgültige Wende dahingehend an, daß das Zugeständnis des Gewohnheitsrechtes gesetzlich abgeschafft wird. Der Bundesgerichtshof berief sich diesmal nicht mehr auf das Gewohnheitsrecht, sondern auf den Tatbestand des „unvermeidbaren Verbotsirrtums" und sprach auf dieser Basis frei.[62]

Alle genannten Disziplinierungsmaßnahmen, -mittel und -einrichtungen sollen mit mehr oder weniger großem Erfolg dem Ziel dienen, den Schulbetrieb in seinen vorgeschriebenen Grenzen aufrechtzuerhalten. Zugleich aber sorgen gerade sie für die gegenwärtigen Konflikte in unseren Schulen.

b) Konflikte in der Schule

Die Disziplinierungstechniken müssen heute angesichts soziologischer und sozialpsychologischer Forschungsergebnisse selbst als Konfliktpotential und als Ursache für Disziplinschwierigkeiten bezeichnet werden. Die alten Techniken lassen die bereits aufgezeigten systembedingten und institutiogenen Zusammenhänge

---

[61] Vgl. auch die Übersichten für alle Länder bei Heck/Tschampa, Nr. 116.

[62] Vgl. hierzu: H. Schall, Hiebe mit Risiko. Bundesgerichtshof zum Züchtigungsrecht. In: b: e 10 (1977) H. 3, S. 22–24. – Vgl. ferner: W. Karcher, Prügel in der Schule. Rechtliche Überlegungen zur Prügelstrafe in der Schule. In: b: e 7 (1974) H. 12, S. 24–26. Vgl. auch Nr. 118 und H. Jung, Das Züchtigungsrecht des Lehrers. Berlin 1977.

unberücksichtigt. Sie beruhen ferner auf dem erwähnten alten Denkschema vom unabhängigen Lehrer- und Schülersubjekt, das die sozialen Bedingungen der Konflikte außer acht läßt und deshalb immer einen Lehrer oder Schüler als Schuldigen sucht.

Dieses alte Denkschema verbindet sich für viele auch noch mit dem Begriff Disziplinschwierigkeit, der deshalb heute in wissenschaftlichen Arbeiten durch den Begriff „sozialer Konflikt" ersetzt wird. Auf diese Änderung der Bezeichnung muß ein wenig eingegangen werden. Der Begriff Disziplinschwierigkeit geht von der – auch inhaltlich – unbefragten Disziplin als Ordnung und Einordnung aus und läßt Disziplinschwierigkeiten als Mangel an Einordnung aufgrund negativer Persönlichkeitsmerkmale erscheinen. Der Begriff sozialer Konflikt kennzeichnet die in der Schule begegnenden Schwierigkeiten als interaktions-, situations- und institutionsbedingt.

F. Wellendorf gibt folgende formale Bestimmung des sozialen Konflikts in der Schule:

„1. Konflikt ist eine Form der Interaktion, in der Lehrer und Schüler sich über ihren Interpretationen der schulischen Situation und über ihren Problemlösungsaktivitäten begegnen.
2. Diese Interpretationen und Problemlösungsaktivitäten sind einander ähnlich, aber nicht gleich. Wären sie gleich, so käme es nicht zum Konflikt, sondern zur Kooperation.
3. Wenn Lehrer und Schüler die Unterschiede ihrer Interpretationen und Problemlösungsaktivitäten zum Thema der Interaktion machen, entsteht sozialer Konflikt" (Wellendorf, Nr. 150, S. 463).

Im Studienbegleitbrief zum Funk-Kolleg Pädagogische Psychologie, in dem Wellendorfs Aufsatz in ähnlicher Abfassung abgedruckt ist (Nr. 151), ist die Aussage „zum Thema der Interaktion machen" (des Satzes zu Punkt 3) ergänzt durch: „sei es durch ihr Handeln oder ihre Worte". Dieser Zusatz ist für das Verständnis des 3. Punktes wichtig. Es wird nämlich durch ihn erst deutlich, daß sozialer Konflikt hier sehr weit gefaßt ist. Wenn zwei Partner, Kontrahenten oder Parteien sich ihre widersprüchliche Meinung sagen, handelt es sich definitionsgemäß ebenso um sozialen Konflikt wie bei Tat-Handlung, die aus der Interpretation eines Partners hervorgeht und in der Sicht des anderen fehl am Platze ist. Letztere Tat-Handlungen sowie Sprechhandlungen, die nicht Meinungs- und Interpretationsaustausch sind, hat man meist im Sinn, wenn man von Disziplinschwierigkeiten spricht: es handelt sich hierbei ja immer um eine *Störung,* um etwas, was nach *vorgeschriebener* Auffassung fehl am Platze ist.

Bei den Disziplinkonflikten fehlt außerdem zumeist das Bewußtsein davon, daß es sich bei dem Konflikt um unterschiedliche Interpretationen im Sinne der drei Punkte Wellendorfs handelt. Die Formel kann dagegen den Eindruck erwecken, dies Bewußtsein sei immer vorhanden.

Was der Formel ferner fehlt, im Begriff Disziplin(schwierigkeit) hingegen enthalten ist, ist der Sachverhalt der vorgegebenen, notfalls erzwingbaren Ordnung sowie des offiziellen, *norm*alen Verständnisses der Schülerrolle.

Hier hat die interaktionistische Formel vom sozialen Konflikt also eine Schwäche. Sie könnte die reale Schulsituation verharmlosen, indem sie nicht mehr zum Ausdruck bringt, daß eine umstrittene, wenn nicht obsolete, Ordnung weiterhin gilt und mit massiver Disziplinierung aufrecht erhalten wird.

Diese Schwäche hebt freilich nicht die Leistung der Interaktionsanalyse (aus der die Wellendorfsche Formel gewonnen ist) in Richtung auf Ursachenerklärung und Lösungsversuche auf. Auch die nächsten Darlegungen dessen, was die Disziplinierungsmaßnahmen außer acht lassen, wodurch sie dann selbst zu Konfliktpotential werden, stammen aus Forschungen im Rahmen der Theorie des Interaktionismus.

α) Selbstdarstellung und Rollendistanz

Bereits die beiden Begriffe der Überschrift kommen aus der genannten Theorie des Interaktionismus. Um ihre Bedeutung für unseren Zusammenhang klar zu machen, muß zunächst aus dem gleichen Konzept einiges zur *Identität* gesagt werden[63].

Im Konzept des Interaktionismus ist Identität ein soziales Phänomen, das stets neu Resultat eines kommunikativen ,,Handels" ist. Es kann unter drei Aspekten beschrieben werden: soziale Identität, persönliche Identität, Ich-Identität.

Soziale Identität umfaßt das Bündel an Erwartungen und Normen, die einer in einer bestimmten Position und Situation erfüllen muß oder soll. Was ich von jemandem voraussagen kann, weil er (sie) Schüler, Lehrer, Mädchen, Lehrling ist, macht seine (ihre) soziale Identität aus.

,,Unsere Identität läßt sich als ,soziale Identität' bezeichnen, insofern wir selbst und andere uns bestimmten Personenkategorien zuordnen, die man in bestimmten Organisationen und Situationen wahrscheinlich antrifft. Sie sind durch die sozialen Einrichtungen und die Gesellschaft ziemlich stabil etabliert" (Wellendorf, Nr. 150, S. 459).

Zu den Erwartungen, die wir anderen gegenüber haben, und die diese an uns richten, gehört auch, daß sie und wir als Individuen eine gewisse Einzigartigkeit aufweisen und nicht total identisch sind mit den allgemeinen sozialen Mustern. Man erwartet, daß jemand außer seinem Namen noch weitere persönliche Merkmale trägt: seine persönliche Identität.

,,Unsere Identität läßt sich als ,persönliche Identität' bezeichnen, insofern wir in den unterschiedlichen sozialen Situationen, in die wir geraten, unsere Einzigartigkeit festhalten und ins Spiel bringen" (Nr. 150, S. 460).

---

[63] Vgl. E. Goffman, Stigma. Frankfurt 1967. – L. Krappmann, Soziologische Dimensionen der Identität. Stuttgart 1971. – F. Wellendorf, Nr. 28.

Damit Interaktion so gelingt, daß jeder seinen Beitrag leisten kann, ohne ganz absonderlich zu werden, muß jeder eine Balance halten zwischen der erwarteten Normalität einerseits und der erwarteten Einzigartigkeit andererseits. Diese Balance muß dazu noch in zwei Dimensionen durchgehalten werden: in einer horizontalen Dimension, insofern man gleichzeitig als Inhaber mehrerer Positionen auch unterschiedlichen Erwartungen gerecht werden muß; in einer vertikalen Dimension, insofern man die vorausgegangene Lebensgeschichte kontinuierlich ins Spiel bringen muß. Das Ergebnis dieses doppelten Balanceaktes ist der dritte Aspekt des „Handels um Identität": Ich-Identität.

„Ich-Identität erreicht das Individuum in dem Ausmaß, als es, die Erwartungen der anderen zugleich akzeptierend und sich von ihnen abstoßend, seine besondere Individualität festhalten und im Medium gemeinsamer Sprache darstellen kann"[64].

Mit F. Wellendorf lassen sich alle drei Aspekte wie folgt zusammenfassen:

„Soziale Interaktion läßt sich als ein ‚Handel um Identität' verstehen: Identität ist das Ergebnis eines wechselseitigen Zuschreibungs- und Interpretationsprozesses der Interaktionspartner. Ich-Identität bezeichnet das Balancieren zwischen den im ‚Handel um Identität' von je anderen angetragenen Identitätsmustern und der – ebenfalls in der Interaktion erwarteten – ‚Einzigartigkeit' als Individuum, Ich-Identität darf deshalb nicht als ein fester Besitz betrachtet werden. Die Balance kann nach zwei Seiten hin scheitern: erstens durch eine starre Übernahme festgelegter Identitätsmuster, zweitens durch ‚Identitätsdiffusion'" (Nr. 28, S. 35)[65].

Bei der Anwendung dieser Identitätstheorie auf Schule muß man sich die Bedeutung der Institution Schule für die Identität(sfindung) der Schüler (und Lehrer) vor Augen halten. Die Schüler kommen mit einer bestimmten Identität in die Schule, wo der Prozeß der Identität und Individuierung weitergeht. Es ist also nicht so, als könnten die Schüler (und dies gilt gleichermaßen für die Lehrer) eine Identität unangefochten bewahren, vielmehr müssen sie zwangsläufig ihre Identität ins Spiel bringen und aufs Spiel setzen.

„Schulische Sozialisationsprozesse dürfen nicht allein als Vergesellschaftung eines gegebenen Individuums gedacht werden, so sehr sie auch die Individuierung des Kindes in den Interaktionsszenen der Familie voraussetzen; sie selbst bringen vielmehr ein Individuiertes erst hervor bzw. setzen die familiären Individuierungsprozesse fort und modifizieren sie" (Wellendorf, Nr. 28, S. 32).

In unserem Zusammenhang ist nun die Frage von Bedeutung, ob und in welchem Maße die Institution Schule individuelle Beiträge der Schüler zuläßt, m. a. W. Selbstdarstellung ermöglicht.

Es ist bereits herausgestellt worden, daß Schule die soziale Identität vorschreibt und kontrolliert. In dem Maße, wie Schule Selbstdarstellung nicht zuläßt, nähert sie sich dem Charakter der totalen Institution, in der kaum lebendige Interaktion,

---

[64] L. Krappmann, Soziologische Dimensionen der Identität. Stuttgart 1971, S. 208.

[65] Der andere Pol des möglichen Scheiterns ist m. E. über die Verwischung (Diffusion) von Identität hinaus die Exzentrizität, die „Käuzigkeit" u. Absonderlichkeit.

beinahe kein „Handel um Identität" möglich ist, weil der Lebensablauf durch Vorschriften so überwältigend festgelegt ist, daß die sozial zugeschriebene Identität fast allein herrscht.

Auch die Schule drückt den Schülern ein bestimmtes Identitätsmuster auf: gefordert ist der leistungstüchtige, notenhungrige, konkurrenzfreudige Schüler, der sich einordnet, d. h. die bestehende Ordnung, die Hierarchie und die vorliegenden Inhalte freudig akzeptiert, gläubig darauf vertrauend, daß ihn die Schule fürs Lebens rüstet und er im späteren Leben genau das erhält, was er sich hier in der Schule verdient hat.

Zur sozialen Schüleridentität gehört auch der Ausschluß der Möglichkeit, daß die Schüler einmal mehr wissen als der Lehrer (z. B. aufgrund der außerschulischen Erfahrung); der häufig genannte Informationsvorsprung des Lehrers besteht ebenso oft gar nicht, dennoch hat der Schüler Lerner zu sein, Lehrer ist allein der Lehrer. Entsprechend gehört es nicht zur angetragenen Lehreridentität, daß dieser auch Lernender ist. Symmetrische Kommunikation, weil alle Beteiligten denken können, ist nicht vorgesehen. Der Lehrer denkt und lenkt, der Schüler denkt (ihm) nach.

J. Habermas hat in seiner Kritik der Rollentheorie Kriterien entwickelt, mit denen man diese Situation der Schule genauer kennzeichnen kann [66]. Das Rollensystem Schule läßt sich nämlich auf seine Repressivität, Rigidität und Verhaltenskontrolle prüfen. Dazu muß man fragen,

a) wie repressiv das Verhältnis zwischen Erwartungen und Reziprozität der Befriedigung ist;
b) in welchem Maße der Interpretation und Situationsdefinition Raum gelassen wird;
c) welcher Grad der Internalisierung erwartet wird.

Für unsere Schulen ergibt sich folgende Diagnose:

a) Es bestünde keine Repressivität, wenn das beschriebene Identitätsmuster immer und genau dem Anliegen der Schüler entspräche. Daß dies nicht der Fall ist, zeigt die Erfahrung; die Elternhäuser bereiten zwar auf die an einen „Schüler" gerichteten Erwartungen vor, aber die gänzliche Übereinstimmung tritt erst dann ein, wenn die betroffenen Heranwachsenden sich ganz angepaßt haben, wenn sie zu Musterschülern geworden sind.

b) Es ist gerade typisch für das Rollensystem Schule, daß es die Schüler *nicht* mitbestimmen läßt, wie Schule und Schüler sein sollen. Der außerschulische Lebensbereich bleibt obendrein noch ausgesperrt. Selbst die Unterrichtsführung engt – wie aufgezeigt wurde – den Interaktionsspielraum und erst recht die

---

[66] J. Habermas, Stichworte zu einer Theorie der Sozialisation (1968). In: Ders., Kultur und Kritik. Frankfurt 1973, S. 118–194.

Chance, Unterrichtssituationen zu definieren, entsprechend dem vom Lehrer stoffgeleitet Vorgedachten ein.

c) Es wird der höchste Grad der Internalisierung erwartet, bereitwillige Anpassung im oben gekennzeichneten Vertrauen. Schüler, die für Reibungslosigkeit sorgen, die in keiner Hinsicht stören, aber fleißig und ehrgeizig sind, werden am meisten geschätzt.

B. Gerner (Nr. 38) trägt hierzu bestätigende Ergebnisse empirischer Untersuchungen zusammen. Unter anderem geht aus ihnen hervor, daß Schüler mit hoher (gemessener) Intelligenz geringeren Notenerfolg haben als die mit geringerer Intelligenz, wenn letztere gleichzeitig stärker das gewünschte Verhalten zeigen. – Bei der Empfehlung für weiterführende Schulen legen fast 80% der Grundschullehrer neben Leistung auch die Beurteilung der Eigenschaften zugrunde. Wohlerzogene, anpassungsfreudige und anpassungsfähige Schüler werden bevorzugt. Hochgeschätzt sind: Arbeitshaltung (Fleiß, Ausdauer, Konzentration, Mitarbeit, Leistungswille, Interesse, Gewissenhaftigkeit, Ordnung) und charakterliche Eigenschaften (Ehrlichkeit, Gehorsam, Aufrichtigkeit, Höflichkeit, Wahrhaftigkeit, Disziplin) [67].

Man kommt also zu dem Ergebnis, daß sich unsere Schule durch einen hohen Grad an Repressivität, Rigidität und Kontrolle auszeichnet.

Dabei wären die in den Punkten a–c ausgeschlossenen Möglichkeiten aber gerade grundnotwendig dafür, daß die Heranwachsenden Grundqualifikationen erwerben, die für nicht-totale Situationen und Institutionen von großer Bedeutung sind: nämlich Rollenambivalenz zu bewältigen und zu nutzen (Rollenambivalenz: Rollen sind so definiert, daß sie vielen Bedürfnislagen und Situationen entsprechen), Selbstdarstellung zu erreichen (besser: eigene Beiträge zu bringen), flexibel und situationsgerecht Normen anzuwenden. Je repressiver, rigider und kontrollierender aber ein System ist, desto schwieriger ist es für die Betroffenen, diese Qualifikationen zu erwerben. Das heißt für unsere Schulen, daß Kinder und Jugendliche dort gehindert statt gefördert werden, die Grundqualifikationen zu erlangen.

Schüler, die sich gegen diese Situation wehren, sei es daß sie die Zusammenhänge durchschauen, sei es daß sie unmutig auf eine mehr gefühlsmäßig wahrgenommene Bedrängnis reagieren, werden „zwangsläufig" als Unruhestifter, Störenfriede, Undisziplinierte gebrandmarkt. Der Ausspruch, der an Gymnasien häufig die Reaktion des Systems markiert, „Sie gehören nicht auf diese Schule" hat einen doppelten Sinn: „... denn dies ist eine Schule für Gehorsame!"

Weil den Schülern Selbstdarstellung als konstruktiver eigener Beitrag in der Re-

[67] Diese Ergebnisse sind zugleich ein deutlicher Hinweis dafür, daß auch die Lehrer dem System unterworfen sind; ihre Art der Beurteilung erfolgt für sie selbst *unmerklich* systemkonform; erst die rationale Analyse kann den Blick dafür öffnen.

gel nicht möglich ist, wird er unter die offizielle Linie ins ,,Underlife" (Goffman) gedrängt, wo er eher verkommt, als daß er von hier aus zu organisiertem Protest und Antrag führte. Meist sind Symptome des ,,Underlife" all jene Vorkommnisse, die unter Disziplinschwierigkeit oder Störungen gefaßt werden: Schwätzen und heimliche Aktivitäten im Unterricht, Nebenbeschäftigungen, Bekritzeln und Beschreiben von Tischen und Wänden, Austoben an unkontrollierten Orten (Toiletten!), Zerstören, Mogeln, Schwänzen, Angriffe gegen Sachen und Personen des Systems.

Im Kontext der herangezogenen Rollentheorie können Verhalten und Handeln im ,,Underlife" auch als *Rollendistanz* [68] betrachtet werden.

,,Rollendistanz ist ein Versuch, in einem Interaktionssystem zu handeln, ohne die in anderen Systemen gemachten Erfahrungen völlig abzuschneiden" (Wellendorf, Nr. 28, S. 147).

Was die Schüler von Haus aus sind, welche Erfahrungen sie in der Gruppe Gleichaltriger und Gleichgesinnter machen, in welcher gesamtgesellschaftlichen Position sie sich sehen, das alles wollen sie in der Schule und im Unterricht berücksichtigen können. Wenn das offiziell nicht möglich ist, versuchen es die Schüler inoffiziell, oder es wird unterdrückt und verdrängt. Dann aber kehrt der Widerspruch in meist seltsamen, unpassenden, unverständlichen, ,,auffälligen" Formen wieder. Die ,,Auffälligkeiten" und Störungen sind dann keine direkten Hinweise mehr für den zugrundeliegenden sozialen Konflikt. Das ist ein Grund mehr, warum sie vom Lehrer oft als bös- und mutwillige Frechheiten interpretiert werden müssen. Die hierauf folgenden Disziplinierungsmaßnahmen bestätigen dem Schüler erneut, daß er nicht verstanden wird, seine Identität hier von ihm nicht mitdefiniert werden soll, und bilden auf diese Weise neues Konfliktpotential.

Zusammenfassend kann gesagt werden: Die Schüler haben an unseren Schulen aufgrund der festgelegten Identitätsmuster und der anhaltenden Repressivität, Rigidität und Kontrolle mangelhaft bis kaum die Möglichkeit, Selbstdarstellung im Sinne von Beiträgen zur Definition ihrer Situation und Identität und damit der Schule einzubringen. Versuche der Schüler, dies dennoch über die angebotenen, gesteuerten Möglichkeiten hinaus zu tun, können sich nur als Protest artikulieren oder sinken unter die offizielle Linie und müssen unter Absehen von ihrem Entstehungszusammenhang als Störungen, Disziplinlosigkeiten oder Frechheiten erscheinen.

β) *Legitimitätsvakuum*

Die Institution Schule sieht sich durch ihren Zweck zu ihren Maßnahmen legitimiert; der Zweck, der im ritualisierten Alltagshandeln, aber auch im feierlichen Ritus, immer wieder beschworen wird, nimmt oft die Formel an: Fürs Leben ler-

---

[68] Vgl. dazu den Abschnitt ,,Ritualisierte Darstellung sozialer Identität und Rollendistanz" bei Wellendorf, Nr. 28, S. 147–175.

nen, für Leistung belohnt werden. Ob die Maßnahmen der Schule ankommen und ob ihre Beschwörung zieht, hängt davon ab, wie glaubwürdig die Schule in ihrer Formel ist.

Mit Verweis auf unsere Gesellschaft, die eine Leistungsgesellschaft in dem Sinne sei, daß jeder ausschließlich nach seiner Leistung beurteilt und mit Einkommen, Status und Prestige belohnt werde, wird auch in der Schule Leistung gefordert und zugleich behauptet, jeder werde seiner Leistung entsprechend beurteilt und belohnt. Daß dieses Prinzip auf die Realität unserer Gesellschaft *nicht* zutrifft, darauf hat u.a. C. Offe aufmerksam gemacht. Er weist[69] nach,

„daß die gesellschaftliche Verteilung von Lebenschancen in Wahrheit nicht dem Maßstab folgt, der als einzig legitimer postuliert wird: dem Maßstab zentraler Elemente der beruflichen Arbeit. Die Evidenz für eine solche These ist umfassend. Daß Klassen und Schichten, wirtschaftliche Macht und die Irrationalitäten des Ausbildungssystems dominante Bestandteile der Sozialstruktur sind, die schon die Konstituierung, erst recht die praktische Entfaltung individueller Fähigkeiten beeinträchtigen und reglementieren, kann als sozialer Grundtatbestand aller industrieller Gesellschaften gelten“ (Offe, Nr. 19, S. 161).

Darüber hinaus verdeutlicht Offe, daß sich das Leistungsprinzip in einer von automatisierten Arbeitsprozessen bestimmten Überflußgesellschaft selbst ad absurdum führen würde, und stellt schließlich in empirisch gestützten Generalisierungen heraus, daß eine durchgehende Leistungsskala der technologisch und organisatorisch bestimmten Praxis industriell-bürokratischer Berufsarbeit nicht angemessen ist.

Die Schule versucht allerdings gegenüber den Schülern und Bürgern die Ideologie aufrecht zu erhalten, sie bereite auf eine nach Leistung strukturierte Gesellschaft vor und tue dies, indem sie selber in der Schule nach dem Leistungsprinzip jedem die gleiche Chance gebe. Durch verstärkten Leistungsdruck und ständige Versuche zu Leistungsmotivation gelingt es ihr, der Ideologie Plausibilität zu verleihen und so Loyalität auf seiten der Schüler und Bürger zu bewahren.

Von Ideologie aber muß man sprechen, weil die Theorie in zweierlei Hinsicht falsch ist: erstens gelingt es in der Schule nicht, soziale Ungleichheit auszugleichen, sie reproduziert sie vielmehr[70]; zweitens ist eine objektive Leistungsbeurteilung (bisher) nicht möglich.

Schon die Startvoraussetzungen zu Beginn der Grundschule sind bekanntlich sehr unterschiedlich. Die gesamte Problematik der schichtenspezifischen Sozialisation angesichts der Mittelschichtorientierung unserer Schulen belegt dies. Sie braucht hier nicht erneut ausgebreitet zu werden. Mit H. Hurrelmann läßt sich thesenhaft zusammenfassen:

„Bestimmte Schülergruppen sind der sozialen Organisation Schule durch die Einbindung in ihre Herkunftsfamilie sozialstrukturell so fern, daß sie von vornherein in einer fast aussichtslosen Position des über das Leistungsprinzip gesteuerten schulischen Statuswettbe-

---

69 In seiner Arbeit von 1970, Nr. 19

70 Vgl. hierzu P. Bourdieu, J.C. Passeron, Die Illusion der Chancengleichheit. Untersuchungen zur Soziologie des Bildungswesens am Beispiel Frankreichs. Stuttgart 1971.

werbes stehen. Unabhängig davon, ob sie sich mit dem Leistungsprinzip und den mit ihm implizierten Wertvorstellungen identifizieren oder nicht, müssen sie angesichts der Unerreichbarkeit der vorgegebenen Ziele bewußt oder unbewußt Motivationsmängel empfinden, die sich in Disziplinsprobleme der schulischen Interaktion umsetzen können" (Nr. 141, S. 39).

Schule als Berechtigungswesen braucht scharfe Selektion. Solange z.B. das Abitur Berechtigung bedeutet, *dürfen* nicht alle das Abitur erreichen, 15 – 20% eines Jahrgangs müssen genügen. Daraus ergeben sich Zwänge, schlechte Zensuren zu verteilen, die Gauß'sche Glockenkurve zum Zensurenverteilungsmaßstab zu erheben, Schüler sitzenbleiben zu lassen und auf niedrige Schultypen oder Kurse zurückzustufen.

Die Problematik der Zensurengebung und die Unmöglichkeit, gerecht zu zensieren, kommen noch hinzu[71]. Weiter oben (S. 50f.) ist bereits kurz auf die subjektiven Fehlerquellen bei der Beurteilung durch Lehrer angesprochen worden. Auf Einzelheiten können wir hier nicht eingehen. Das Problem ist durch Perfektion nicht lösbar, es bleibt Begleiterscheinung der Auslese- und Berechtigungsschule.

Im Zusammenhang mit der Glaubwürdigkeit von Versprechungen unseres Schulsystems muß auch an die Situation der Hauptschule und das Schlagwort „Hauptschule als Restschule" erinnert werden[72]. Die „Übriggebliebenen" befällt zunehmend Resignation aufgrund der Aussicht auf eine wenig attraktive berufliche Zukunft. Durch die Jugendarbeitslosigkeit wird die Lage noch verschärft[73].

Auch auf der gymnasialen Oberstufe macht sich Resignation bei denen bemerkbar, die nicht ganz vorn liegen und voraussichtlich den NC nicht überwinden können.

Viele Schüler spüren, einige haben begriffen, daß es beim Schullernen nicht auf die Sachen selbst ankommt; daß es gar nicht darum geht, die Wahrheit über die Realität zu erfassen und in dieser Wahrheit handeln zu können, sondern nur um den *Nutzen*: um Noten, die Aufstieg oder „etwas zu werden" ermöglichen. Schullernen ist nur Mittel, es hat selbst keinen Zweck. Wenn Schüler dann noch sehen, daß der Aufstieg versperrt ist, braucht sie „das ganze Zeug" nicht mehr zu interessieren, „es hat ja doch keinen Zweck".

Die genannten Gründe führen dazu, daß viele Schüler den Versprechungen ihrer Schule keinen Glauben mehr schenken, sich mit den angetragenen Mustern nicht mehr identifizieren, ausbrechen und „Disziplinschwierigkeiten" machen.

---

[71] Vgl. K.-H. Ingenkamp, Die Fragwürdigkeit der Zensurengebung. Weinheim, 4. Auflage 1973.

[72] Zur Literatur über Hauptschule siehe Bibliographieteil B.

[73] G. Cremer, Hrsg., Jugend ohne Arbeit. München 1976. – S. Laturner/B. Schön, Hrsg., Jugendarbeitslosigkeit. Materialien und Analysen zu einem neuen Problem. Hamburg 1975. – Jugendarbeitslosigkeit. Eine Arbeitshilfe für die Jugend- und Sozialarbeit. Neuwied 1977 (Lose-Blatt-Werk). – H.J. Petzold, Hrsg., Jugend ohne Berufsperspektive. Berufsbildungsreform- Schulmisere-Arbeitslosigkeit. Weinheim 1976.

Es ist ein *Legitimitätsvakuum* entstanden, das – auf der Hauptschule vom 6. Schuljahr an – zum Konfliktpotential ersten Ranges wird.

„Ist es nicht mehr glaubhaft, daß der rituell dargestellte Zusammenhang zwischen Schule und Gesellschaft besteht, so können sich die Schüler von den rituellen Aktivitäten und den ihnen zugrunde liegenden Prinzipien distanzieren. Sie suchen dann nach Substitution für schulische Leistung, die den Zusammenhang zwischen ihrer gegenwärtigen sozialen Identität als Schüler und der zukünftigen als Erwachsener verläßlicher herzustellen scheinen. Versagen die schulischen Rituale als Interpretationsmuster sozialer Identität, so versuchen die Schüler die dadurch entstehende Identitätskrise oft zu bewältigen, indem sie – in bezug auf die Schule irrationale – Indikatoren für individuelle Leistungstüchtigkeit suchen" (Wellendorf, Nr. 28, S. 169).

Solche Leistungstüchtigkeit wird unter subkulturellen Aneignungsformen von „Erwachsenen"-Symbolen in Alkohol, Motoren und Sex ebenso gesucht wie in Aggression, Zerstörung und Gewalt.

Bevor wir auf letztere zu sprechen kommen, soll die Konfliktsituation in den Schulen noch durch ein Moment gekennzeichnet werden, das mit dem Legitimitätsvakuum im Zusammenhang steht: Kritik und Opposition.

γ) *Kritisches Bewußtsein und diffuse Opposition*

Ein wichtiger Grund dafür, warum Schüler nicht mehr bereit sind, sich den gegebenen Verhältnissen einzuordnen, ist ihr kritisches Bewußtsein. Die Schülerbewegung der 60er Jahre hat gezeigt, daß vielen Schülern nicht entgeht, in welchem Maße die Schulen den propagierten Zielen: Chancengleichheit, mehr Demokratie, Kritikfähigkeit, Emanzipation nicht nachkommt und diese Ziele realisierendes Handeln nicht honoriert. So laut wie in jenen Jahren geht es nicht mehr zu, aber es gibt noch kritische Schüler. Ihren Lerneifer und daß sie außerhalb der Schule viel gelernt haben, stellen sie in entsprechenden Fächern unter Beweis (Sozialwissenschaft, Geschichte, Politik, Pädagogik). Dort bringen sie auch zum Ausdruck, daß sie die Notwendigkeit der Schule und des Lernens gar nicht in Frage stellen.

„Nicht der Sachverhalt als solcher, daß das Schulsystem die genannten Reproduktionsfunktionen hat, ist Gegenstand der Kritik .... Kritik-würdig und der Rechtfertigung bedürftig ist vielmehr die konkrete inhaltliche Fassung der jeweiligen Reproduktionsfunktion: daß Qualifizierung nur unter dem Gesichtspunkt der profitorientierten Verwertung erfolgt, daß Allokation unter dem Gesichtspunkt der Reproduktion sozialer Ungleichheiten erfolgt und daß Integration in ein individualistisches Konkurrenzsystem erfolgt und Züge der Manipulation und Verschleierung zeigt" (Fend, Nr. 5, S. 296 f.).

Die Zahl der Schüler, die in politischen Schülergruppen die eigene Situation analysieren und in Aktionen ihren Protest und ihre Alternativen zum Ausdruck bringen, war gering und mag mit der „Tendenzwende" noch geringer geworden sein. Größer ist die Zahl der Schüler, die als Nachhut der kritischen Bewegung und aufgrund der allbekannten Schulkritik, die schließlich auch Schülern nicht verborgen bleiben konnte, in eine diffuse, von ihnen selbst wenig kontrollierte Oppositionshaltung geraten sind. Die Identitätsmerkmale, die Schule ihnen bietet, werden nicht akzeptiert; diese Verweigerung durch Unmutsäußerungen, Störungen und Zerstörungen kundzutun, wird selbst zum Identitätsmerkmal.

Für den Komplex Kritik und Opposition aufschlußreiche Informationen gibt eine empirische Studie von K.B. Urban zu „Bedingungen politischen Lernens bei Schülern", die auf der Basis einer 1973er Befragung von Schülern der 7. – 9. Klassen aller Schularten entstand (Nr. 72). Die Ergebnisse zeigen, daß ein Großteil der Schüler politisch interessiert ist, ihre eigene Situation innerhalb des gesellschaftlich-politischen Zusammenhanges sieht und Handlungsbereitschaft zeigt.

Urban stellt dazu fest:

„Die Ergebnisse zeigen, daß ‚Demokratie' keineswegs als bloß politisch-instrumentelles Regulationsprinzip begriffen wird, sondern nach Ansicht der Schüler auf die Subsysteme Schule und Betrieb übertragen werden soll" (Nr. 72, S. 101).

Einige Ergebnisse sollen das verdeutlichen:

Das Statement „Schüler sind noch zu jung, um in politischen Fragen mitzureden" beantworten die Schüler innerhalb der vier Antwortmöglichkeiten zu 16% mit ‚richtig', zu 33% mit ‚teilweise richtig', zu 49% mit ‚falsch' und 2% mit ‚weiß nicht/ keine Antwort' (Nr. 72, S. 204).

Das Statement „Demokratie gehört nicht in den Betrieb" wird von 60% als ‚falsch' abgelehnt (15% ‚richtig', 18% ‚teilweise richtig', 10% ‚weiß nicht/keine Antwort').

Das Statement „Demokratie gehört nicht in die Schule" wird von 66% als ‚falsch' abgelehnt (13% ‚richtig', 17% ‚teilweise richtig', 4% ‚weiß nicht/keine Antwort') (Nr. 72, S. 206).

Als besondere Kennzeichen von Demokratie geben die Schüler an: gleiche Rechte für sozial Schwache, Mitbestimmungsrechte für alle Menschen, gute Verhältnisse zu den Nachbarstaaten, Gleichberechtigung auch für Frauen und Jugendliche.

Hierzu gibt Urban den Hinweis:

„Daß ‚unsere Demokratie' also als Sozialstaat begriffen wird, dessen Aufgabe nicht primär die Erhaltung eines hohen Lebensstandards (‚hohes Einkommen für alle') ist, sondern der Abbau sozialer Ungleichheit, zeigen noch stärker die Ergebnisse zur Frage, auf welche Weise die Demokratie bei uns ausgebaut werden sollte: mehr Rechte für sozial Schwache, mehr Gleichberechtigung für Frauen und Jugendliche und bessere Startchancen für Schule und Beruf ...." (Nr. 72, S. 107).

Zur Einschätzung der Ergebnisse ist noch bemerkenswert, daß jeder siebente Schüler den Fragebogen (zur Demokratie) ohne Beantwortung zurückgegeben hatte (N = 198), für 6% der Schüler Demokratie ein „unbekannter Begriff" war und 7% ein falsches Begriffsverständnis hatten, „meist in Form der Vertauschung von ‚Demokratie' und ‚Kommunismus'" (Nr. 72, S. 104). Immerhin beantworteten drei Viertel den Fragebogen normal und mit angemessenem Begriffsverständnis, und zwar wurden die Antworten spontan formuliert, also auch die o.a. Antworten auf die Frage nach dem Ausbau der Demokratie.

Im Hinblick auf die Unterscheidung in unserer Überschrift zwischen kritischen und diffus oppositionellen Schülern waren die letzten Bemerkungen wichtig. Man kann annehmen, daß die Schüler, von denen zuletzt die Rede war, eher zu den diffus Oppositionellen gehören, die sich mitreißen lassen von Protest und Unmut, aber nicht recht reflektieren und kontrollieren, um was es geht (was nicht heißt, daß nicht u.U. von ihnen die ärgsten Störungen ausgehen). Die vorgenommene Zweiteilung will übrigens nicht behaupten, es gebe nicht eine (dritte) Gruppe von Konformen; die Schüler, die ,,Unruhe" bringen, sollten in die beiden Gruppen aufgeteilt werden. Auch hierfür gibt die Studie eine Auskunft, daß nämlich ,,Konformität und Rebellion die dominierenden (verbalen) Reaktionstendenzen" sind (Nr. 72, S. 94). Auf die Frage: ,,Wenn man als Schüler meint, daß die Schule einem nur wenig Vernünftiges beibringt – was sollte man dann am besten machen?" wählten die Schüler bei fünf Antwortmöglichkeiten und einer Nennung zu 42% die Antwort: ,,Trotzdem die Vorschriften und Aufgaben genau erfüllen, denn die Lehrer wissen schon, was gut für uns ist" und 36% die Antwort: ,,Offen gegen Schule und Lehrer kämpfen" (Nr. 72, S. 209).

Daß es diesen Kampf tatsächlich gibt, darauf deuten die zahlreichen Demonstrationen und Aktionen von Schülern, Lehrlingen und arbeitslosen Jugendlichen im Laufe des Jahres 1976 in allen Bundesländern hin[74]. Ein Hinweis auf politische Aufmerksamkeit kann auch die Beteiligung der Schüler an den zahlreichen Demonstrationen, Protestaktionen und Diskussionen anläßlich des Streites um die geplante Kooperative Schule in Nordrhein-Westfalen sein, wenn man auch annehmen muß, daß ein großer Teil durch den Sog der Verbände zum Mitlaufen angetrieben worden ist.

Die politische Artikulation (nicht nur) der Schüler wird oft abgelehnt oder beschwichtigt, bis sie dann auf der Seite der Angesprochenen in Vergessenheit gerät. Es gibt Gründe, die ansteigende Gewalt in der Schule in diesen Zusammenhang zu stellen, eine Gewalt, die nicht mehr oder kaum noch politischen Motiven entspringt.

c) Gewalt in der Schule

Daß Gewalt in der Schule zunimmt, erleben Lehrer und Schüler täglich vor Ort, die Öffentlichkeit erfährt es gelegentlich durch die Tageszeitung oder durch Presse– und Fernsehmagazine. Wissenschaftliche Untersuchungen gibt es in der BRD allerdings (noch) nicht. Lediglich einige Hinweise auf Gewaltanwendung in der Schule finden sich verstreut innerhalb der Berichte über die heutige Schulwirklichkeit (Bibliographieteil B). Der einzige (dem Autor bekannt gewordene) Versuch, einschlägige Berichte aus der Praxis in einen hypothetischen Zusammenhang zur Gewalt zu stellen wurde 1976 von der b:e Redaktion in einem Monatsheft unternommen (Nr. 135 und 143).

---

[74] Ein Überblick findet sich in der Sonderausgabe ,,Jugend ,77" des Jugendmagazins ,,elan" vom Dezember 1976.

Über das Ausmaß an Zerstörungen und Gewalthandlungen kann man sich anhand verstreuter Zahlen nur annähernd ein Bild machen. P.E. Kalb (Nr. 143) führt einige Daten an: 1974 mußten im Wandsbeker Schulbezirk (Hamburg) 450000 DM für mutwillig zerstörte Fensterscheiben und verstopfte Abflüsse ausgegeben werden. Seit 1969 investierte ein Schulträger für Renovierungen an seinem Frankfurter Gymnasium 396000 DM; hinzu kamen 80000 DM für demolierte Pavillons. – Eine Situationsschilderung kann für viele Schulen stehen:

„Geht man durch die Schule, finden sich auf Schritt und Tritt die Folgen von Gewaltanwendungen. Fast in allen Klassenzimmern sind die mit Dübeln eingelassenen Wandhaken für Landkarten herausgebrochen – dafür stehen jetzt wieder die bekannten Kartenständer herum, die sich wiederum als Zerstörungsinstrumente einsetzen lassen. An Wänden und Decken befinden sich große Löcher, die in jeder Pause ein Stückchen erweitert werden. Schwere eiserne Garderobenvorrichtungen sind verbogen und aus der Wand herausgebrochen. Die Alarmanlage der Schule ist meist abgestellt (vor allem in den Pausen): sie setzt sich sonst – durch Einwirkung von außen – zu häufig in Aktion" (Nr. 143, S. 52).

Ein Schulleiter berichtet über Gewalthandlungen unter Schülern:

„Manchmal kommt im Monat der Krankenwagen drei– oder viermal. Schüler schlagen sich Cola-Dosen ins Gesicht, prügeln sich, haben schwere Bißwunden" (Nr. 143, S. 52).

Die Tageszeitung vom 4. Mai 1977 enthielt eine dpa-Meldung, in der von schweren Körperverletzungen bis hin zum Leberriß und zur Kehlkopfverletzung die Rede ist. Mehr wird allerdings wieder von den Sachzerstörungen berichtet.

„In Bremen rechnet man damit, daß etwa 30% des Geldes zum Unterhalt von Schulbauten für die Reparatur mutwilliger Zerstörung ausgegeben werden muß. Im vergangenen Jahr waren das 514000 DM. In einer Gesamtschule von Hannover demolierten die Schüler innerhalb eines Vierteljahres Gegenstände im Werte von rund 42000 DM. Im dortigen Schulzentrum ‚Mühlenberg', einem Neubaukomplex, waren im vergangenen Jahr 141000 DM für Reparaturarbeiten fällig. Der Berliner Bezirk Schöneberg veranschlagt für das Beheben von Schäden, die ihnen etwa 20000 Schüler verursachen, pro Jahr rund 300000 DM"[75].

Das Ansteigen von Konflikten und Gewalt an den Schulen veranlaßte die Bezirksregierung Rheinhessen – Pfalz 1976, ihre 537 Grund- und Hauptschulen um Berichte zur Situation zu bitten. 175 Berichte gingen ein (= hohe Dunkelziffer!). Angesichts des Befundes spricht die Bezirksregierung von einer Eskalation der Gewalt an ihren Schulen. Erschreckend sei die stark zunehmende Brutalität und die Abartigkeit der Angriffe gegenüber schwächeren Mitschülern.

„Es sind dabei kriminelle, sadistische Grundtendenzen in ihrer Anlage und Entwicklung unverkennbar. Die früher auch üblichen Raufereien unter Schülern werden mehr und mehr ersetzt durch gefährliche Körperverletzungen mit Knochenbrüchen, ausgeschlagenen Zähnen und Schädigungen der Sehfähigkeit"[76].

Als Muster scheinen den Delikten Szenen aus Fernsehfilmen zugrunde zu liegen.

---

[75] Ruhr-Nachrichten 4. Mai 1977.

[76] Unveröffentlichter Bericht der Bezirksregierung Rheinhessen – Pfalz S. 3; mit Genehmigung der Regierung zitiert.

Der Bericht greift als exemplarisch heraus: brutales Zusammenschlagen, Erpressung, Fußtritte und Faustschläge in Magen- und Hodengegend, gewaltsames Entkleiden von Schülerinnen durch Schüler.

Eltern müssen ihre Kinder zur Schule bringen und abholen, um sie vor Überfällen zu schützen.

Auch Lehrer werden bedroht und geschlagen. – Hauptschulen sind am meisten betroffen, „weil diese nicht über vergleichbare Auslesemechanismen wie Realschule und Gymnasium verfügen“[77].

Wenn unsere Schulen in bezug auf Gewalt eine ähnliche Entwicklung nehmen sollten wie die Schulen in USA, dann stehen auch uns katastrophale Verhältnisse ins Haus. – Ein Unterausschuß des US-Senats veröffentlichte im April 1975 einen Bericht über „school violence and vandalism“, der auf Ergebnissen einer Fragebogenerhebung in 757 Schuldistrikten, ferner einer Befragung von Schulsicherheitsdirektoren und weiteren Befunden beruht[78]. Das Fazit des Berichtes lautet:

> Unsere Schulen erleben „ernsthafte Verbrechen wie brutale Angriffe auf Lehrer und Schüler, Vergewaltigungen, Erpressungen, Einbrüche, Diebstähle und eine beispiellose Welle von mutwilliger Zerstörung und Vandalismus. Der Grad an Gewalttätigkeit und Vandalismus hat solche krisenhaften Ausmaße erreicht, daß die Fähigkeit des Erziehungssystems, seine vorrangige Funktion wahrzunehmen, ernsthaft bedroht ist“ (Nr. 135, S. 41).

Um die Ernsthaftigkeit der Situation deutlich zu machen, sei noch die folgende Übersicht zitiert. In den drei Jahren zwischen 1970 und 1973 nahm in den US-amerikanischen Schulen das Ausmaß der aufgezählten Verbrechen und Vergehen um die angegebenen Prozentwerte zu:

Mord/Totschlag	18,5%	(100 Schüler werden in 1 Jahr ermordet!)
Notzucht/versuchte Notzucht	40,1%	
Raub	36,7%	
Tätlichkeiten gegen Schüler	85,3%	
Tätlichkeiten gegen Lehrer	77,4%	
Einbruch(sdiebstahl) in Schulgebäuden	11,8%	
Übergriffe auf das Schulgelände unter Drogen und Alkoholeinfluß	37,5%	
Schulabbruch (drop outs)	11,7%	(Nr. 135, S. 41).

Einige absolute Zahlen geben dieser Übersicht einen Maßstab: Die „National Association of School Security Directors“ gibt für 1974 folgende Zahlen bekannt: 8568 Vergewaltigungen und andere sexuelle Delikte, 11160 bewaffnete Raubüberfälle, 256000 Einbruchsdiebstähle und 189332 größere Tätlichkeiten (Nr. 135, S. 41).

Nur mit Hilfe ausgeklügelter Alarm- und Sicherheitssysteme sowie Polizei-

---

[77] Ebd., S. 8.

[78] Der Bericht wird in Nr. 135 vorgestellt. Ich zitiere nach diesem Heft.

schutz für Schüler und Lehrer und Ausrüstung aller Lehrer mit Sprechfunkgeräten ist ein Überleben im Sinne des Wortes möglich.

Der Titel dieser Arbeit „Disziplin, Konflikt und Gewalt" sollte bereits auf einen Zusammenhang hinweisen, der an dieser Stelle expliziert werden muß. Dieser Zusammenhang kann hier *nicht bewiesen* werden: die Befunde der letzten Kapitel aber geben Hinweise genug, daß der Zusammenhang *hypothetisch* hergestellt werden kann. Die *Hypothese* ist deshalb *grundwichtig*, weil sie auffordert, nach den wirklichen Ursachen der Gewalt und Zerstörung zu fragen, und damit verhindern hilft, daß Gewalt und Zerstörung isoliert betrachtet und behandelt werden.

a) Die institutionellen Zwänge der Schule sowie die derzeitige Erfüllung ihrer Reproduktionsfunktion bedürfen zu ihrer Aufrechterhaltung der Disziplinierung.
b) Die Disziplinierungsmaßnahmen selbst erzeugen wiederum Konflikte, die noch einmal mit Disziplinierung als erneutem Konfliktpotential beantwortet werden.
c) Disziplinierung ist strukturelle und personelle Gewalt. Insofern Disziplinierung in der Gestaltung der Anstalt, in der Ordnung, im Ablauf des Tages versachlicht wurde, handelt es sich um strukturelle Gewalt; insofern sie von der Person des Lehrers oder Schulleiters unmittelbar zugefügt wird, ist sie personelle Gewalt. Beide Arten von Gewalt erleben die Schüler Tag für Tag, und in dem Maße, wie sie sich der Möglichkeit ihrer Selbstdarstellung, der persönlichen Identität, der Chance, Beiträge zu leisten und mitzubestimmen, beraubt sehen, in dem Maße sehen sie die legitimierte Gewalt als ungerechte Gewaltanwendung ihnen gegenüber an. Dadurch wird die Schule ihr erster Feind, gegen den es zu kämpfen und den es zu zerstören gilt.

Die Zerstörung wendet sich zuerst gegen Sachen. Diese werden zwar mutwillig zerstört, aber viele Schüler wissen nicht, warum sie es tun.

„... die Fensterbänke waren so konstruiert, daß sie enormen Belastungen von oben standhalten. Schüler haben aber einen Sport entwickelt: sie legen sich mit dem Rücken auf den Fußboden und treten von unten an die Fensterbänke, drücken sie mit ihren Füßen aus den Halterungen heraus. Sieger ist, wer innerhalb der kürzesten Zeit die meisten Fensterbänke ‚raushebelt'" (Nr. 143, S. 52).

„Sieger ist, wer ....": diese Schüler haben Gewalt und Zerstörung als Identitätsmuster übernommen. Wenn dies einmal geschehen ist, wendet sich die Gewalt auch bald gegen Personen; zuerst gegen Lehrer, dann auch gegen Schüler, vor allem gegen solche, die mit dem System besonders verbunden zu sein scheinen. Bei diesem Angriff auf Personen werden Projektion, Übertragung, Verdrängung, Sündenbockmechanismus, Wiederkehr der aufgrund von Schulzucht abgewehrten Triebregungen und Affekte und noch weitere Entdeckungen der Psychoanalyse eine Rolle spielen.

Man übersieht zu leicht, wie nahe es für die Schüler liegt, sich Gewalt als Substitut für schulische Identitätsmuster zu wählen (vgl. S. 54). Gewalt ist den Schülern vertraut. Sie erleben und erleiden sie in der Schule; sie erfahren sie in Fernsehfilmen als den Clou, um den herum „Action" aufgebaut wird; sie kennen sie als die

„notwendige" militärische Gewalt, als Staats- und Polizeigewalt; sie muß ihnen schließlich als gesellschaftsfähig erscheinen.

Nur wenn sie selbst Gewalt gebrauchen, wertet man sie ihnen negativ und bestraft, was in ihren Augen Gegengewalt war.

Die Reihung: Disziplinierung – Konflikte – Gewalt muß als Eskalation gesehen werden, die sich immer weiter steigert, solange die Schule wiederum mit Disziplinierung auf die Gewalt antwortet. Was angesichts der amerikanischen Verhältnisse als Reaktion festgestellt wurde (harter Disziplinierungskurs, Verschärfung der Kontrolle und der Rechtsmöglichkeiten, erhöhte Sicherheitsmaßnahmen, für all dies Bereitstellung enormer Geldmittel) entspricht prinzipiell dem Verfahren an unseren Schulen[79].

Je ernster die Lage wird, desto mehr wird von den oben dargestellten offiziellen Ordnungsmaßnahmen Gebrauch gemacht. Entsprechend dem zu Anfang dieser Arbeit (Kap. 1) angeführten Denkschema werden nicht die Ursachen ergründet und bekämpft, sondern womöglich die Symptome hart angegangen.

„Macht kaputt, was euch kaputt macht", so tönte noch 1973 eine Berliner Agitrockband, um Schüler und Lehrlinge für die politische Revolution zu gewinnen[80]. Nachdem diese politische Revolution nicht stattgefunden hat und auch die totalen Alternativen der Schulkritik Literatur geblieben sind, könnte das „Kaputtmachen" als unpolitische Seuche übrigbleiben.

---

[79] Vgl. die These in Nr. 135, S. 41. – Bessere Vorschläge macht die Bezirksregierung Rheinhessen-Pfalz: Kleinere Klassen, den Klassenlehrer durch mehr Fächer und Stunden wieder zur Bezugsperson werden lassen, mehr Schulpsychologen und Beratungslehrer.

[80] Ton-Steine-Scherben. David Volksmund Produktion. Berlin 1971 (Eigenproduktion). Der Text der Platten ist in der Darstellung seines (politisch motivierten?) Angriffsziels nicht gerade analytisch scharf, er wendet sich eher frontal gegen alles: Konsum, Zivilisation, Produktionsverhältnisse, Militär, Staat. – „Von ‚Macht kaputt was euch kaputt macht' sind inzwischen (Febr. 1973, J. F.) zehntausend Stück weg, und von der LP ‚Warum geht es mir so dreckig' auch nochmal soviel." (Aus einer Selbstdarstellung der Gruppe in: Arbeitersongbuch, hrsg. v. W. Bergmann u. a. Frankfurt 1973, S. 93.) – Was 1971 im Ausklang der „Jugendrevolte" noch einmal in revolutionärer Emphase ausgerufen werden konnte, müßte heute angesichts der Terror-Morde und Entführungen erheblich differenzierter zu Wort kommen, wenn es nicht Aufruf zur schieren Gegengewalt sein soll.

Kapitel 6: Das Dilemma und der Anfang eines Auswegs

An dieser Stelle muß als Resümee des I. Teiles ein *Dilemma* festgestellt werden. Es ergibt sich aus dem dargestellten gesellschaftlichen Zusammenhang der Schuldisziplin und der affirmativen Funktion von Disziplin und Disziplinierung einerseits und der Bedingtheit des Handelns der Lehrer in der Schule andererseits.

Schule ist als institutionalisiertes, staatlich kontrolliertes Lehren und Lernen zur Reproduktion der Gesellschaft (und des Staates) gekennzeichnet worden. Die Institutionalisierung selbst – so wurde weiter gezeigt – bringt zusammen mit dem ihr eigenen Grad an Organisation, Zweckrationalität und Ritualisierung Zwänge und Gewalt mit sich, die zu Konflikten, Mißachtung der Schüleridentität und Gegengewalt führen. Auch die Reproduktionsfunktion in ihrer inhaltlichen Beschränkung auf den Status quo und die ihm eigenen „Gesetze" (Profit, Konkurrenz, Leistung, Ungleichheit) führt zu Konflikten und zur Distanzierung und Gegenaktion auf seiten der Schüler.

Diese Bedingungen zu beheben, liegt nicht in der Macht und den Möglichkeiten der Lehrer. Indem diese nun mit anderen Mitteln gegen die Undiszipliniertheit anzukommen versuchen, stabilisieren sie wiederum die Bedingungen, die den Disziplinschwierigkeiten letztlich zugrunde liegen. Das Dilemma erscheint also perfekt. Gibt es dennoch einen Ausweg?

Zunächst ist nüchtern festzustellen, daß im Schulwesen einer hochindustrialisierten Gesellschaft spezifisches Konfliktpotential prinzipiell unvermeidbar ist, weil auf institutionalisierte und kontrollierte Reproduktion nicht verzichtet werden kann. Man wird also z. B. Heranwachsenden die Auseinandersetzung mit einer vorgeformten sozialen Identität nicht ersparen können. Der vorfindliche Grad der Repressivität, Rigidität und Kontrolle der die Reproduktion leistenden Institutionen aber ist durchaus überwindbar. Man wird also z. B. den Heranwachsenden auch in der Schule den Handel um Identität und die Bestimmung der Verhältnisse – als Mitbestimmung – nicht verwehren müssen.

Der Deutsche Bildungsrat stellte deshalb unter dem Aspekt der Professionalisierung des Lehrerberufs heraus:

> „Die zunehmende Professionalisierung des Lehrerberufs ist Ausdruck des allgemeinen Prozesses der Vergesellschaftung der Erziehungsaufgaben und ihrer Wahrnehmung durch ausdifferenzierte Institutionen in hochentwickelten Gesellschaften; sie ließe sich nur um den Preis eines qualitativen und quantitativen Rückschritts im Bildungswesen aufhalten oder umkehren. Deshalb sind Konzepte einer ‚Schülerschule' oder ‚Entschulung der Gesellschaft' für Bildungssysteme hochentwickelter Gesellschaften nicht übernehmbar. .... Aber die schulischen Entscheidungsprozesse werden nicht allein vom professionellen Personal getragen. Schüler und Eltern werden in den Konferenzen auf Schul- und Stufenebene mit Sitz und Stimme vertreten sein; Schüler werden zudem einen eigenständigen Bereich selbstorganisierter Aktivitäten erhalten" (Nr. 4, S. 27).

Die qualitative Ausprägung der historisch gegebenen Institutionalisierung und Reproduktionsfunktion ist also nicht unveränderlich, sondern mindestens durch Behebung ihrer Mängel überholbar. Die Änderung *der* qualitativen Ausprägung aber, die gegenwärtig dafür sorgt, daß Versprechen wie Chancengleichheit, Demokratisierung und Beteiligung nicht eingelöst werden, die andererseits Legitimationsvakuum und Ablehnung der Schule verursachen, ist innerschulisch unmöglich. Abgesehen von Determinanten, die mit dem kapitalistischen System gegeben sind, sind Lehrer den Gegebenheiten wie Schule als Berechtigungswesen, dreigliedrigem Schulsystem als angeblicher Anpassung an das Begabungsprofil der Bevölkerung, Hauptschule als „Restschule" in ihrer Funktion als Lehrer unterworfen. Sie können sich wohl an politischen Auseinandersetzungen um eine andere Schule beteiligen und auch am Kampf für gesamtgesellschaftliche Maßnahmen, die qualitative Bestimmungen verbessern, für den *Lehrer in der Schule* zeigt sich so aber noch kein Ausweg aus dem Dilemma.

Will der Lehrer durch seine Maßnahmen gegenüber den Disziplinproblemen in der Schule die im System (Gesellschaft und Schule) liegenden Bedingungen nicht über das unausweichliche Maß hinaus stabilisieren, so müssen seine Maßnahmen solche sein, die aus politischer Aufmerksamkeit auch den Schülern die Hintergründe und Bedingungen erschließen und womöglich (auf der Basis der relativen Autonomie und im Spielraum der „Unterdeterminiertheit") in Anfängen eine Praxis eröffnen, die die Konfliktursachen aufhebt und/oder erfahrbar macht, wie eine Schule sein könnte, wenn gesamtgesellschaftliche Bedingungen geändert und Schulreform vorangetrieben würden.

Unter dieser Perspektive sollen im II. Teil der Arbeit Antworten auf die Frage gegeben werden, was denn ein Lehrer gegen die Disziplinschwierigkeiten tun könne. Daß fix und fertige Lösungen angeboten werden, dürfte nach dem bisher Gesagten nicht mehr erwartet werden.

Zunächst sollen Antworten vorgestellt werden, die sich gegenwärtig dem Lehrer z. T. sehr laut aufdrängen, die aber im Hinblick auf die angegebene Perspektive nur als „Ausweichempfehlungen" angesehen werden können. Nicht das Dilemma nämlich und seine Ursachen werden hier ins Auge gefaßt, sondern seine Symptome. Die Lehrer sollen in die Lage versetzt werden, diese Symptome gewandt behandeln zu können. Dem Kern des Problems wird ausgewichen: deshalb Ausweichempfehlungen[81].

Die in einem weiteren Kapitel aufgeführten Vorschläge verstehen sich im Sinne der vorausgestellten Perspektive als kritisch-produktiv. Sie sind versammelt unter dem dort näher zu erläuternden Signum: rationale Kommunikation als neue Praxis.

---

[81] Der Vergleichspunkt dieser den jedermann bekannten Verkehrshinweisen entnommenen Metapher ist das Moment, daß einer Situation *ausgewichen* wird. Im Vergleichspunkt hat die Metapher ihre Grenze: sie darf nicht wie manche Parabeln oder wie Allegorien ausgelegt werden, nämlich in Anwendung jedes Details der Verkehrssituation auf die Details der empfohlenen Maßnahmen.

II. Teil: Schulpraktische Folgerungen

Kapitel 7: Ausweichempfehlungen

a) Verhaltensmodifikation

Als erste Ausweichempfehlung ist die Verhaltensmodifikation zu nennen, über die es seit einigen Jahren auch in der BRD eine Fülle von Literatur gibt[1]. Auf der Lerntheorie des operanten Konditionierens beruhend ist Verhaltensmodifikation die systematische Anordnung und technische Durchführung von Versuchen, gewünschte Verhaltensweisen aufzubauen. Der Akteur (Modifikateur) ist der Lehrer, eventuell unterstützt durch einen Fachpsychologen.

Bei Verhalten ist an eine Aktivität zu denken, ,,die direkt beobachtet oder indirekt gemessen werden kann" (H. J. Kern, Nr. 160, S. 12). Mit Hilfe der Technik der Verhaltensmodifikation kann also z. B. alles Verhalten, das aus den Komplexen: Aufmerksamkeit, Motivation, soziales Lernen, Leistung operational zu bestimmen ist, direkt geändert werden.

> ,,In zahlreichen Schulexperimenten (Vorschulen, Sonderschulen, Hauptschulen) hat sich gezeigt, daß durch die Techniken der Verhaltensmodifikation der Lehrer in seiner Klasse ohne Personal- und nennenswerten Zeit- und Kostenaufwand diese Verhaltensweisen entscheidend und langfristig beeinflussen kann. .... Die Betonung und Beschränkung auf beobachtbares Verhalten, die praktische Anwendbarkeit, der effektive Einsatz einer Vielzahl von Techniken und die relativ leichte Lernbarkeit der grundlegenden Prinzipien haben dieser Forschungsrichtung vor allem im Erziehungsbereich große Erfolge, aber auch herbe Kritik beschert" (Kern, Nr. 160, S. 10).

Ein Modifikationsversuch, der immer genau nach Plan, systematisch und mit Aufzeichnungen erfolgen muß, besteht aus vier Phasen. In der Ausgangsphase (A_1) werden die Ausgangsdaten erhoben, operationale Zustands- und Zieldefinition vorgenommen und mögliche Verstärker notiert. Letztere sind für die zweite Phase – daher Verstärkungsphase (B_1) genannt – wichtig. Ein Reiz, z. B. Lob, gilt nur dann als (positiver) Verstärker, wenn das Verhalten, auf das dieser Reiz kontingent (bedingt) erfolgt, in Zukunft häufiger auftritt. In dieser zweiten Phase können auch andere als positive Verstärkertechniken angewandt werden, z. B. Verstärkerentzug oder Bestrafung (negativer Verstärker). Hierbei lernen die Versuchspersonen, ein Verhalten zu unterlassen (Vermeidungslernen); die Definition des (negativen) Verstärkers ist entsprechend umzukehren. Auf die Verstärkungsphase folgt die Löschphase (A_2). In ihr werden die Versuchspersonen weiter beobachtet, aber die Verstärker werden weggelassen. Das Verhalten sollte wieder seine Häufigkeit aus Phase A_1 erreichen. Wenn dies der Fall ist, kann man annehmen, daß das während der Verstärkungsphase beobachtete Ansteigen der Häufigkeit tatsächlich auf der Verstärkung beruhte.

---

[1] Vgl. die Auswahl im Bibliographieteil F 1.

„Durch die Löschung kann der Lehrer ausschließen, daß sich Hilfsbereitschaft (die in diesem Versuch modifiziert werden sollte, J. F.) durch Alter, Reifung, Einsicht, Film, Elterngespräch oder ähnliches sowieso verbessert hätte. Doch erst die Wiederholung der Phase B1 vermag die Beweiskette zu schließen" (Kern, Nr. 160, S. 26).

In dieser vierten Phase – der wiederholten Verstärkerphase (B2) – wird wieder wie in B1 verstärkt und das beobachtete Verhalten aufgezeichnet. Erwartungsgemäß wird das erwünschte Verhalten wieder wie in B1 dem Ziel des Modifikationsprogramms entsprechend gezeigt werden.

Als unmittelbare Verstärker können auch *Token* benutzt werden, die von den Schülern gegen andere Verstärker eingetauscht werden können. Token (engl.: Wertmarke, Bon, Gutschein) können Plastikmarken sein oder Striche auf einer Skala an der Tafel, Fleißkärtchen oder die bereits oben erwähnten Stempel ins Heft.

Zusätzlich zu der implizierten Reduktion des Handelns auf (funktionales) Verhalten im System verbleibt der Schüler aus methodologischem Grund Objekt der Maßnahme, der Lehrer ist Akteur bzw. wiederum Objekt des hinter ihm stehenden Anleiters. Diese Schülersituation kann durch einige Unternehmungen gemildert werden: Die Schüler werden über den geplanten Versuch unterrichtet, Verfahren und Ziel werden ihnen erklärt; mit den Schülern wird darüber hinaus eine Abmachung (ein Vertrag)[2] beschlossen, daß man mit dieser Methode gemeinsam versuchen wolle, der Disziplinlosigkeit Herr zu werden; das Einhalten des Vertrages wird dann insgesamt – also neben der Einzelverstärkung – belohnt (verstärkt).

Es besteht kein Zweifel daran, daß die Verhaltensmodifikation von ihrem Konzept her einzelne Verhaltensweisen isoliert und sie in beliebigen sozialen Systemen, ohne diese selbst zu hinterfragen, modifizieren kann. Theoretiker und Praktiker der Verhaltensmodifikation verweisen meist darauf, daß Festsetzung der Ziele und Problematisierung des Systems gesonderte, zusätzliche Aufgaben seien, die man sich durchaus auch noch stellen sollte. Mit dieser Trennung ist die Erziehungs- und Unterrichtspraxis aber bereits zu einem technischen Anwendungsverhältnis degradiert. Der Trend zur Technisierung des Unterrichts und der Formalisierung des Umgangs in der Schule – Folgen der dargestellten Institutionalisierung und Organisation der Schule – läßt Verhaltensmodifikation nur als systematisierte Ausgabe dessen erscheinen, was ohnehin betrieben wird.

„Verhaltensänderung findet seit eh und je in Schule und Elternhaus statt" (Kern, Nr. 160, S. 132).

Bezeichnend ist auch, daß die meisten Versuche an Sonderschulen und Grundschulen, einige an Schulen der Sekundarstufe I gemacht wurden, vornehmlich an Schulen also, wo die Verfügungsmacht über die Schüler am größten ist.

In der Diskussion um Verhaltensmodifikation wird immer auch die Frage gestellt, ob und unter welchen Bedingungen diese Technik in ein progressives Programm für eine demokratische Schule aufgenommen werden kann (vgl. M. Gün-

---

[2] Vgl. L. Homme, Nr. 159.

ther, Nr. 158). Hier muß aber deutlich auf den Widerspruch hingewiesen werden, der aufgrund ihres methodologischen Ansatzes zwischen der Verhaltensmodifikation und einer Theorie der Selbstbestimmung (ihr Handeln und ihre Verhältnisse selbst bestimmende Gruppe) besteht. In einem durchaus affirmativen Aufsatz zur Verhaltensmodifikation entlarven die amerikanischen Autoren Gray, Graubard und Rosenberg, ohne es zu wollen, was Verhaltensmodifikation im Grunde ist (Nr. 157). Sie schildern erfolgreiche Experimente, in denen zur Erreichung eines guten Klassenklimas der Spieß einmal umgedreht wird: die Schüler modifizieren – insgeheim, unter wissenschaftlicher Anleitung – die Lehrer (Thema: Little brother is changing you). Die Autoren teilen erfreut mit, daß die Schüler nach gelungener Modifikation ihrer Lehrer ein neues *Machtgefühl* gegenüber ihren Lehrern gewonnen hätten, das wiederum ihr *Selbstbewußtsein* gestärkt hätte. *Die Methode entlarvt sich in der Genugtuung, den anderen beherrschen zu können.* Sie ist antikommunikativ. Die Betroffenen handeln nicht aus, was zu tun ist, sondern manipulieren sich gegenseitig unter den Zwängen der institutionellen Bedingungen zu einem Verhalten, das dem einen oder anderen oder eventuell beiden paßt und zudem noch das eigene Macht- und Selbstgefühl erhöht[3].

Verhaltensmodifikation muß als Ausweichempfehlung eingeordnet werden und als schlechter Behelf bei der Behandlung von Schäden des Systems.

In das Geleit verhaltenstheoretischer Ausweichempfehlungen begibt sich auch, wer – wenn auch gegen bessere Absicht – die Terminologie der Verhaltenstheorie in sein Konzept übernimmt. Dies muß für N. Rückriem (Nr. 103) festgestellt werden, der die These aufstellt:

„In der Schule geht es nicht mehr um Disziplin, sondern um Verhaltenssicherheit, die entwickelt wird in möglichst freigewähltem und freigestaltetem Engagement" (Nr. 103, S. 42).

Nach einer Erläuterung wird diese in sich widersprüchliche These neu formuliert und paßt jetzt ganz ins verhaltensmodifikatorische Konzept:

„Verhaltenssicherheit ist eine Funktion von Schule, Unterricht und Lehrerverhalten" (Nr. 103, S. 86).

Rückriem sieht Verhaltenssicherheit und Selbstbestimmung in einer Verknüpfung, die nicht mehr erkennen läßt, daß Verhaltenssicherheit zur Begründung von Selbstbestimmung nicht ausreicht. Nimmt man ihn beim Wort, wird sein Fazit unsinnig:

„Nur durch Verhaltenssicherheit begründen sich die Identität und Selbstbestimmung des

---

[3] „Children, especially those in special-education classes, often suffer feelings of impotence when they encounter the school environment. The crucial goal of the project was to instill within the student a feeling of power, the ability to control the controllers, i. e., his teachers and the school. As a result of their training in behavior engineering, the students reported feeling more power in their relationships with their teachers and the school than ever before. And with that feeling of power came a new feeling of self-confidence" (Nr. 157, S. 45).

Menschen und damit das für jede Gesellschaft notwendige Potential, je und je fällige Veränderungen zu begründen und mitzubewirken" (Nr. 103, S. 87).

Ausweichempfehlungen zur Verhaltensmodifikation sind auch die ,,pädagogischen Maßnahmen", die R. Winkel (Nr. 177) empfiehlt. Daran ändert auch eine Umbenennung nichts, die der Autor vornimmt. R. Winkel übernimmt seine Empfehlungen nämlich von F. Redl (Nr. 164), dem es um ,,Unterbinden oder Modifizieren von Verhalten" geht (Nr. 164, S. 206), und nennt ,,Instrumentarium an pädagogischen Maßnahmen" (Nr. 177, S. 42–44), was bei Redl ,,Rezepte zur Verhaltenssteuerung" oder ,,20 der am leichtesten zu unterscheidenden und klassifizierbaren Techniken der Verhaltenssteuerung" heißt (S. 206 der dtsch. Ausgabe dieses amerikanischen Buches).

In den folgenden drei Beispielen besteht wörtliche Übereinstimmung zwischen Winkel und Redl, allerdings fügt Winkel bei Nr. 4 und Nr. 7 einen Kommentar an, der bei Redl fehlt.

,,1. Bewußtes Ignorieren (planful ignoring) ....;
4. Unauffällige affektive Zuwendung (hypodermic affection),
7. Umstrukturierung der Situation (restructuring)."

Noch zwei Beispiele seien angeführt, die durch Winkels Abwandlung nicht pädagogisch werden:

F. Redl: ,,12. Vorbeugendes und ‚keimfreies' Hinauswerfen (antiseptic bouncing)" –
R. Winkel: ,,12. Vorbeugendes Hinausschicken (antiseptic bouncing): in der Hoffnung, daß sich der betreffende Schüler abreagiert".
F. Redl: ,,16. Verbot (auch im Englischen: Verbot)" –
R. Winkel: ,,16. Verbote (prohibitions): deutlich markierte Grenzlinien" (Redl, S. 206f., Winkel, S. 42f.).

Es handelt sich also um nichts mehr als um jene bekannten Disziplinierungsmaßnahmen, die typisch sind für überlastete Lehrer, die unter Handlungszwang stehen und schnell für entstörten Unterricht sorgen müssen, dabei aber nicht nach den Bedingungen der Störungen fragen (können).

Zum Bereich der Verhaltenstherapie gehört auch eine Richtung, der es um *Verhaltenshygiene* geht: das richtige (gesunde) Verhalten garantiere gelungenes (gesundes) Miteinander. Das gelte auch für den Schulalltag.

,,Verhaltenshygiene im Schulalltag" ist der Untertitel eines Buches von R. Dreikurs, B. B. Grunwald, F. C. Pepper (Nr. 155). In dieser Arbeit findet sich auch eine Ausführung über die nicht nur metaphorische Rede von der Hygiene.

,,Wir befinden uns in derselben tragischen Situation wie *Semmelweis* vor ungefähr einem Jahrhundert in Wien. Er hatte das Gesetz der Asepsis entdeckt. Bis dahin schadeten Ärzte ihren Patienten genaugenommen durch die Behandlung. Wunden wurden mit unsauberem Verbandsmaterial behandelt und das verursachte Infektionen und Tod. .... Man kann sich die Reaktion seiner Kollegen vorstellen, als *Semmelweis* ihnen demonstrierte, welches Leid sie ihren Patienten zufügten. Ihre Entrüstung brachte ihn schließlich dazu, Selbstmord zu begehen" (Nr. 155, S. 13).

Die Sachhälfte des Gleichnisses lautet also: Die Tragik unserer Situation besteht darin, daß wir die auffälligen Schüler mit falschen (unsauberen) Mitteln behandeln und sie ins Verderben führen. Würden wir uns entsprechend der Neuentdeckung durch Dreikurs verhalten, wäre der Schulalltag in Ordnung. – Wer dies zu sagen wagt, der .... .

Das hygienische Verhalten fanden Dreikurs und seine Mitarbeiter mit Hilfe der Psychologie Alfred Adlers. Auf der Basis dieser Psychologie erscheinen in den theoretischen Voraussetzungen der Verfasser Lehrer, Schüler und Gesellschaft als voneinander unabhängige Individuen bzw. Aggregate. Individuen, die mit „unermeßlichen Anlagen" (S. 12) versehen sind, handeln nach Adlers teleologischer Verhaltenstheorie stets – in der Regel ohne es zu wissen – in Richtung auf bestimmte Ziele, wobei das Grundmotiv ist, sich einen Platz in der Gemeinschaft zu verschaffen (wie sich zeigen wird, eine gelinde Verschleierung des bürgerlichen Ich-Ideals).

„Alle seine (des Menschen, J. F.) Handlungen, Eigenschaften und Charakterzüge, ebenso wie seine Emotionen, können durch das Bestreben erklärt werden, einen Platz in der Gemeinschaft zu finden" (Nr. 155, S. 21).

Dreikurs u. a. nennen vier Hauptziele, die dieses Grundmotiv des Geltungsstrebens variieren und Ursache für Lern- und Verhaltensstörungen sind: das Kind strebt danach, *Aufmerksamkeit* zu erregen, und/oder danach, seine *Macht* zu beweisen, und/oder es sucht *Vergeltung* und/oder stellt *Minderwertigkeit* zur Schau (vgl. Nr. 155, S. 25).

Der Lehrer soll diese Ziele erkennen und dann Maßnahmen ergreifen, „mit deren Hilfe der Lehrer dem Kind helfen kann, seine fälschlichen Ziele zu ändern" (S. 25). Hierzu gibt das Buch Auskunft und Anleitung und läßt sehr optimistisch verlauten:

„.... jeder geübte Lehrer (kann) den Schaden, den Eltern und Gesellschaft im Kind angerichtet haben, ungeschehen machen ...." (Nr. 155, S. 222)!

Außer auf diesen theoretischen Voraussetzungen beruhen Dreikurs' u. a. Vorschläge auf ideellen Überzeugungen, die sie als Grundlage für eine demokratische Gesellschaft betrachten. „Wer in einer Demokratie lebt, glaubt (sic!) an einige wichtige Tatsachen (sic!)" (Nr. 155, S. 216). Diese „Tatsachen" sind: Wert und Würde jeder Person, Gleichwertigkeit aller Menschen, freie Menschenbildung, Vertrauen auf die Fähigkeit der Menschen, Entscheidungen zu ihrem eigenen Wohl zu treffen (S. 216).

Im Zusammenhang mit der skizzierten praktischen Psychologie nach A. Adler hoffen die Autoren, „daß der Lehrer auch in einem autokratischen Schulsystem mit demokratischen Mitteln vorankommen kann" (Nr. 155, S. 217) und so schließlich „Demokratie im Klassenzimmer" erreicht.

Es kann nicht ausgeschlossen werden, daß die Ausweichempfehlungen von Dreikurs u. a. zu „ungestörtem Unterricht" zu führen vermögen. Es soll auch nicht der Hinweis fehlen, daß brauchbare Anregungen zur Ermutigung der Schüler, zur Anleitung und Durchführung von Gruppengesprächen sowie zum Einsatz von Rollenspielen gegeben werden. Die Bedingungen aber für die Misere werden nicht erkannt bzw. an falscher Stelle gesucht: die Disziplinschwierigkeiten und Unterrichtsstörungen werden ja allein als fehlgeleitetes Geltungsstreben begriffen.

b) Lehrertraining

Es erscheint nur konsequent, wenn angesichts der Tatsache, daß der Lehrer nicht die Macht hat, die Grundbedingungen seiner Misere zu ändern, der Versuch empfohlen wird, Lehrer in der Meisterung schwieriger Unterrichtssituationen zu trainieren. Bestseller unter den Anleitungen zu solchem Training wurde Jochen Grell, Techniken des Lehrerverhaltens (Nr. 172). Hiernach soll nicht das Verhalten des Schülers modifiziert werden, sondern das Verhalten des Lehrers, allerdings nicht durch die Schüler wie bei Gray/Graubard/Rosenberg; die Lehrer sollen sich selbst üben.

Bei Schülern Lernprozesse anzuregen und Schüler erzieherisch zu beeinflussen, sind für Grell sozialtechnologische Probleme (vgl. Nr. 172, S. 15). ,,Wir leben in einer Gesellschaft, die unser Verhalten manipuliert, wir sind Opfer und Anwender von Techniken der Verhaltenssteuerung" (S. 15). Ebensolche Steuerungstechniken sollen es ermöglichen, ,,daß Lehrer lernen, sich freier, kreativer, kritischer zu verhalten und den Freiheitsspielraum für ihre Schüler zu vergrößern" (Nr. 172, S. 15).

Das umfangreiche Angebot an Techniken des Lehrerverhaltens und ihres Trainings kann den Eindruck erwecken, die Probleme der Schule – hier speziell der Disziplinschwierigkeiten – seien tatsächlich durch bessere Fertigkeiten des Lehrers zu lösen. Grell gibt an, diese Ansicht *nicht* zu teilen.

> ,,Es genügt jedoch nicht, wenn ein Lehrer alle Forschungsergebnisse über ,effektives Lehrerverhalten' beherrscht, aber keine Vorstellung darüber hat, in welcher Gesellschaft er lebt, welche Funktionen die Schule in dieser Gesellschaft erfüllen soll und welche sie wirklich erfüllt, welche Rolle Lehrern von den verschiedenen gesellschaftlichen Gruppen zugemutet wird, welche Reformen der Schule diskutiert und abgeblockt werden und welche Aufgaben und Möglichkeiten Lehrer im Prozeß der Bildungsreform haben und haben können. Wird Verhaltenstraining losgelöst von diesem Horizont betrieben, ohne daß sich Skills und Trainingsprozesse in ihren Funktionen rechtfertigen müssen, dann kann tatsächlich ein blindes Praktizieren die Folge sein" (Nr. 172, S. 223).

Solch ,,blindes Praktizieren" muß allerdings als Folge des Buches selbst vermutet werden, weil es sich von dem genannten Horizont löst, indem der Autor das Prinzip vertritt und praktiziert, daß es sinnvoll ist, diese Fertigkeiten ,,zeitweise losgelöst von ihren Inhalten und Bedeutungen zu analysieren" ... ,, und isoliert zu üben" (Nr. 172, S. 16). Dieser nicht nur methodische, sondern methodologische Schritt ist folgenschwerer, als es auf den ersten Blick erscheint, weil menschliches Handeln in ein neutrales Machen (Handhaben von) und ein zusätzliches Element Sinn zerspalten wird. Handeln ist danach technischer Umgang mit Objekten

(Sachen, Personen) geworden, dem man unterschiedliche Motive und Ziele geben kann. Bereits in der methodologischen Entscheidung ist hier der Verzicht darauf impliziert, die Schüler als Mithandelnde zu berücksichtigen. Schüler werden Objekte eines technischen Könnens, nicht aber Beteiligte einer gemeinsamen Praxis. Nicht Interaktion liegt vor, sondern Behandlung bestimmter Schüler für bestimmte Zwecke. Wenn Schüler aber allmählich lernen sollen, sich selbst zu bestimmen, dann kann dies nicht durch Technik geschehen, die ja gerade die Selbstbestimmung ihres Objektes ausschließt. Wissenschaftler und Lehrer erliegen immer wieder der Verführung, Erziehung auf Technik zu vereinfachen.

Die unbeabsichtigte „Unwahrheit" des Buches und das Unbehagen an seiner technischen Glattheit entsteht also durch die beabsichtigte Isolierung und Aufspaltung. Diese hat aber ihren letzten Grund in Grells Reduktion von Unterricht und Erziehung auf einen Variablenkomplex: Erziehung ist Verhalten – Verhalten ist prinzipiell vorhersagbar – Erziehungsverhalten ist demnach prinzipiell vorhersagbare Beeinflussung (Steuerung) zu wiederum vorhersagbarem Verhalten.

Unterricht als organisiertes Lehren und Lernen ist heute – wie hier schon hinreichend deutlich gemacht worden ist – in so hohem Maße vorstrukturiert, gesteuert, dehumanisiert (Schüler als „Teilzeitgefangene in einem vom Lehrer bewachten Klassenraum" Nr. 172, S. 13), daß man von einem sozialtechnischen Vorgang sprechen kann. Wenn dieser Vorgang aber ein erzieherischer sein oder werden soll, einer, der selbstbestimmtes Handeln ermöglicht, Interaktion, die durch Mit(einander)bestimmung unvorhergesehene, unberechenbare neue Beiträge fördert, so ist es notwendig, den technologischen Trend zu durchbrechen, weil so lange die gekennzeichnete Erziehung unmöglich ist, wie allein Techniker und Gesteuerte einander gegenüber stehen. Aber diesen Erziehungsbegriff teilt Grell nicht. Für ihn ist Erziehung lediglich Beeinflussung, die technisch effektiver gemacht werden kann. Dann liegen allerdings Vergleiche nahe wie dieser,

> „daß das Phänomen der Erziehung von ähnlich komplexer Struktur ist wie das Phänomen des Wetters. In beiden Bereichen lassen sich bisher keine exakten Voraussagen machen" (Nr. 172, S. 43).

Probleme der Erziehung sind lediglich schwieriger, weil komplexer. Grell teilt Ebels

> „Annahme, die allen Verhaltenswissenschaften zugrunde liegt, daß das Verhalten prinzipiell voraussagbar ist; er (Ebel) meint aber, daß Voraussagen im Bereich der Erziehung zu kompliziert wären, um noch eine praktische Bedeutung haben zu können" (Nr. 172, S. 43).

Lehrerstudenten und Lehrer werden also gut daran tun, Grells Buch wie auch Lehrertraining insgesamt im oben von Grell selbst empfohlenen Kontext zu lesen und zu verarbeiten und dabei die Fülle des angebotenen Materials als das anzusehen, als was Grell selbst es bezeichnet: verschiedene Gesichtspunkte und vorläufige Hinweise (vgl. Nr. 172, S. 43)[4].

[4] Übungsaufgabe: Untersuchen Sie doch einmal in Grells Buch, wie die Verben: erziehen, beeinflussen, unterrichten und die Substantive: Erziehung, Sozialisation, Lernprozeß, Steuerung gebraucht werden und in welchem Verhältnis sie zueinander stehen.

Während J. Grell in seinem Buch speziell zu Schulkonflikten und Disziplinproblemen wenig sagt (vgl. die ,,Skills für die Lehrerfunktion ,Disziplin'", S. 201–205), weil gut trainierte Lehrer, ,,die ihre verschiedenen Funktionen erfolgreich wahrnehmen können, sich nicht viele Gedanken über die richtigen Disziplinierungstechniken zu machen brauchen" (Nr. 172, S. 204), gibt es andere Versuche, die ausdrücklich Lehrerverhalten für Konfliktsituationen trainieren wollen. Zu diesen Versuchen gehört die Anleitung zur ,,Konfliktbewältigung im Unterricht" von G. E. Becker, B. Dietrich, E. Kaiser, in der diese Situationsbeschreibung und Trainingsunterlagen zum genannten Zweck bieten.

Konflikte werden – psychologisch-personalistisch – als ,,Widerstreit von Motiven innerhalb einer Person oder zwischen mehreren Personen" (Nr. 169, S. 11) definiert. Sie sind unvermeidbar, also auch ,,natürlicher und notwendiger Bestandteil des Unterrichts" (Nr. 169, S. 15). Notwendig sind sie nach Meinung der Autoren, weil bei ihrer Bewältigung wertvolle Sozialerfahrungen gesammelt werden können.

Für eine Handlungstheorie zur Konfliktbewältigung werden Kategorien aufgestellt, mit deren Hilfe Konflikte gesichtet und geordnet werden können: Schein-, Rand-, Zentral- oder Extremkonflikt. Zur Bewältigung werden folgende Schritte vorgeschlagen: Suche nach Konfliktursachen; bewußt praktiziertes Erstverhalten (Verhaltensweisen, die aufgrund von Training zum Verhaltensrepertoire des Lehrers gehören) bei Zeitdruck; reflektierte Wahl einer erzieherischen Maßnahme, wenn man Zeit hat.

Zahlreiche *Fälle* (S. 44–95) werden nun verschiedenen Konfliktbereichen zugeordnet (Lehrer–Schüler; Schüler–Schüler; Lehrer–Lehrer; Lehrer–Eltern; Extremkonflikte: z.B. ,,Elvira klaut").

An weiteren *Fällen* (S. 96–120) mit jeweils 6 Handlungsalternativen kann in Partnerarbeit Konfliktbewältigung trainiert werden.

W. R. Minsel, S. Kaatz, B. Minsel bieten unter dem Titel ,,Unterrichtsentscheidung und Konfliktanalyse"(Nr. 176) ebenfalls ein Trainingsprogramm zur Konfliktbewältigung im Unterricht an.

Ihr Konzept knüpft an die klientenzentrierte Gesprächspsychotherapie C. R. Rogers' an[5].

> ,,Ziel des Trainings sollte sein, Lehrern schülerzentriertes und individualisiertes Unterrichten bei ausgeprägt psychotherapeutisch ausgerichteter Grundhaltung zu ermöglichen" (Nr. 176, S. 2).

Zur Konfliktanalyse werden ,,das Spannungsfeld Lehrer/Schüler/Stoff" und

---

[5] C. R. Rogers, Hrsg., Die klient-bezogene Gesprächstherapie. München 1973. Darin: Ders., Schülerbezogenes Unterrichten.
C. R. Rogers, Entwicklung der Persönlichkeit. Stuttgart 1973.
C. R. Rogers, Lernen in Freiheit. München 1974.
C. R. Rogers, Die nicht-direktive Beratung. München 1972.

,,die Unterscheidungen nach Konfliktformen (Appetenz vs. Aversion) sowie die Differenzierung in Binnen- vs. Außenkonflikt" herangezogen (Binnenkonflikt = innerhalb einer Person) (Nr. 176, S. 30).

Die Übungen zur Konfliktanalyse und Konfliktbewältigung teilen sich in 5 Schritte, zu denen es jeweils spezielle Übungen gibt:

1. Beschreiben von Konflikten.
2. Ermitteln möglicher psychischer Auswirkungen von Konflikten.
3. Ermitteln möglicher Ursachen von Konflikten.
4. Festlegen der Zielrichtung zur Bewältigung eines Konfliktfalles.
5. Abstimmen von Konfliktursache, Zielsetzung und Maßnahme zur Bewältigung eines Konfliktfalles.

Das gesamte Übungsprogramm erfordert einen hohen Zeit- und Schreibaufwand. Die Verfasser geben für die Übungen Bearbeitungszeiten an, die zusammen 98 Stunden ergeben, die Übungen zur Konfliktanalyse und Konfliktbewältigung allein 38 Stunden. Der Leser empfindet den Gesamteindruck, wie die Autoren selbst vermuten (Nr. 176, S. 42), etwas verwirrend. Die Aufgaben erscheinen häufig sehr mühsam, weil umständlich und nicht selten künstlich. Es sind so viele Anweisungen zu Detailübungen nötig, daß man Zusammenhang und Ziel aus den Augen verlieren kann. – Über Lernerfolg und Effekt als Ausweichmöglichkeit zur Konfliktbewältigung kann nur die praktische Erprobung Hinweise geben.

Es gibt nicht wenige Schüler und Lehrer, die im Zusammenhang eines Gespräches um Disziplinschwierigkeiten behaupten, daß ein Lehrer mit solchen Problemen keine Führungsqualitäten habe und/oder schlechten Unterricht mache. Diese Meinung erhält scheinbar eine Bestätigung durch empirische Studien des amerikanischen Psychologen Jacob S. Kounin (Nr. 175), die hier als beispielhaft für die Empfehlung, den Unterricht und die Klasse straffer zu führen, dargestellt werden sollen. Man darf diese Untersuchungen, die jetzt (1976) in deutscher Übersetzung vorliegen,[6] wohl als die interessantesten, methodisch exaktesten und praxisnächsten unter den zur Verfügung stehenden bezeichnen.

Kounin interessierte zunächst (in fünf Jahren Forschung) das Problem der Disziplinierung, näherhin der Wirkungen unterschiedlicher Zurechtweisungen auf Schüler, vor allem auf jene, die nicht direkt Objekt der Disziplinierungsmaßnahme waren (Kounin fragte nach dem von ihm so genannten ,,Wellen-Effekt"). Die Untersuchungen führten zu dem unerwarteten Ergebnis, daß statistisch *kein Zusammenhang* zwischen den Zurechtweisungen und der Disziplin in der Klasse bestehe,

,,daß die Methoden des Umgangs mit schlechtem Betragen als solche keine signifikanten Determinanten sind dafür, wie gut oder schlecht sich Kinder in der Klasse aufführen oder

[6] Original: Discipline and group management in classrooms. New York 1970 (Holt). Vgl. dazu die Aufsätze von M. Hofer (Nr. 139) und H. Heckhausen (Nr. 173), denen Kounins Arbeit z. T. zugrunde liegt.

wie erfolgreich ein Lehrer verhindert, daß schlechtes Betragen eines Kindes auf andere Kinder übergreift" (Nr. 175, S. 82).

Kounin merkt an, daß seine Untersuchungen (an einer Vorschule, einer High-School, in einem Ferienlager und an einem College) zwar nicht in Abrede stellten, daß einige Zurechtweisungen Wirkungen zeigen und andere nicht. Er beschließt aber seinen Befund mit der Feststellung:

„Alle diese Studien rechtfertigen jedoch gleichzeitig die Behauptung, es sei *nicht* von den Zurechtweisungsmethoden als solchen abhängig, ob eine Zurechtweisung effektiv oder ineffektiv ausfällt (eine Ausnahme bildet Verärgerung, die in der Regel Unbehagen nach sich zieht), sondern vielmehr abhängig von anderen Dimensionen der Klassenführung" (Nr. 175, S. 84).

Nehmen wir also an, Lehrer A fragt Lehrer B, was er denn mache, wenn die Klasse zu unruhig sei. „Bei mir hilft immer X", ist die Antwort. Am nächsten Tag probiert Lehrer A die Methode X aus: ohne Erfolg; der Lärm geht weiter. – Kounins Ergebnisse bestätigen diese Erfahrung und machen deutlich, daß es auch beim Kollegen B gar nicht die Maßnahme X war, die für Ruhe sorgte, sondern eine andere „Dimension", innerhalb welcher auch Maßnahme X einen Stellenwert hatte. Fehlt diese Dimension, wie bei Lehrer A, hat Maßnahme X nicht die gewünschte Wirkung.

Aus weiteren umfangreichen Studien, die nachfolgend genauer dargestellt werden, analysierte Kounin die gesuchten Dimensionen und beschrieb sie so:

„1. *Allgegenwärtigkeit dund Überlappung*; diese Dimensionen betreffen die Fähigkeit des Lehrers, den Schülern mitzuteilen, daß er über ihr Verhalten informiert sei, sowie seine Fähigkeit, bei zwei gleichzeitig auftretenden Problemen beiden simultan seine Aufmerksamkeit zuzuwenden.
2. *Reibungslosigkeit und Schwung;* beide Parameter messen die Fähigkeit des Lehrers, den Unterrichtsablauf bei Übungen und an Übergangsstellen zu steuern.
3. *Gruppenmobilisierung und Rechenschaftsprinzip*; diese Aspekte betreffen die Fähigkeit des Lehrers, in Übungen den Gruppenfokus zu wahren (Gegensatz: Völliges Aufgehen in der Beschäftigung mit einem einzelnen Schüler).
4. *Valenz und intellektuelle Herausforderung.*
5. *Abwechslung und Herausforderung bei der Stillarbeit*; diese Dimension bezieht sich auf die Programmierung von Lernaktivitäten mit Abwechslung und intellektuellem Herausforderungscharakter insbesondere im Rahmen von Stillarbeit" (Nr. 175, S. 148).

Das Ergebnis ist verblüffend, es erinnert jeden, der längere Zeit mit Schule zu tun hatte, an den „alten Hasen": Ihm entgeht nichts; er hat den Unterricht straff und die Schüler fest in der Hand; er behält das Ganze im Blick, jeder fühlt sich angesprochen und beobachtet; bei ihm wissen die Schüler, woran sie sind; es herrscht eine betriebsame, ruhige Atmosphäre, und es lassen sich Fortschritte nachweisen. Hier wird Schule gehalten, und die Schüler finden es richtig so.

Nach den negativen Ergebnissen der vorangegangenen Forschungen bediente sich Kounin anderer Methoden: nicht Interviews, Beobachtung und schriftliche Aufzeichnung sollten das Datenmaterial liefern, sondern Video-Recorder-Aufnahmen vor Ort. 80 Grundschulklassen (1.–5. Schuljahr) wurden je einen halben oder auch einen ganzen Tag lang in ihrem Klassenraum kontinuierlich von zwei ferngesteuerten Fernsehkameras aufgenommen. Das Material konnte jetzt beliebig oft auf immer wieder andere Zusammenhänge und Kriterien hin untersucht werden.

Kounin und seine Mitarbeiter versuchten zunächst herauszufinden, welche Verhaltensweisen augenscheinlich bei Zurechtweisungen vorherrschten, wenn diese zum Erfolg führten.

„Erfolgreiche Führung einer Klasse wird definiert als die Fähigkeit, eine hohe Mitarbeitsrate bei niedriger Fehlverhaltensrate im Unterricht zu erzielen" (Nr. 175, S. 75).[7]

Bei wiederholter Durchsicht der Aufnahmen entdeckten nun die Forscher die in oben zitierten Termini ausgedrückten Verhaltensweisen und versuchten diese daraufhin statistisch zu verifizieren.

1. *Allgegenwärtigkeit*, die sich bei Zurechtweisungen offenbarte, wurde definiert,

„als die durch ein konkretes *Verhalten* erfolgende Mitteilung des Lehrers an die Schüler, er sei im Bilde über ihr Tun, oder auch, er verfüge über die sprichwörtlichen ‚Augen im Hinterkopf' (also nicht so sehr als einfache verbale Ankündigung: ‚Ich weiß genau, was hier vorgeht')" (Nr. 175, S. 90).

Gemäß der Verdeutlichung in Klammern handelte es sich also häufiger um analoge Mitteilungen, derer die Schüler, wie ihre Reaktion bewies, durchaus gewahr wurden.

Zur Messung von Allgegenwärtigkeit wurden alle in den Aufnahmen vorkommenden Zurechtweisungen als richtig oder falsch klassifiziert und zwar sowohl ihr Objekt als auch ihren Zeitpunkt betreffend, wobei Objekt- und Zeitfehler genau operational festgelegt wurden; m.a.W.: es konnte festgestellt werden, ob tatsächlich der richtige Schüler zum richtigen Zeitpunkt zurechtgewiesen wurde.

Überlappung steht mit Allgegenwärtigkeit im Zusammenhang, weshalb vor Darstellung der Ergebnisse der Verifikationsvorgang für Überlappung vorgeführt werden soll.

Verhaltenweisen, die mit dem Terminus Überlappung gefaßt werden sollen, entdeckte Kounin ebenfalls in Zurechtweisungsfällen, aber auch bei unvorhergesehenen Schülerauftritten.

„Der Begriff der Überlappung steht in Verbindung mit dem, was ein Lehrer unternimmt, wenn er sich zur gleichen Zeit mit zweierlei Sachverhalten abgeben muß" (Nr. 175, S. 95).

In der statistischen Erhebung wertete Kounin Überlappung nach zwei Kriterien:

„Eine *gewisse Überlappung* war dann gegeben, wenn der Lehrer durch irgendeine Handlung zu erkennen gab, daß er während eines Zwischenfalles beiden sich stellenden Proble-

[7] „Mitarbeit" und „Fehlverhalten" wie auch alle weiteren referierten Kriterien wurden von Kounin sorgfältig operational definiert. Hier werden die genauen einzelnen Definitionen nur soweit unbedingt nötig wiedergegeben. Der Leser wird zur weiteren Nachprüfung auf Kounins Buch verwiesen.

men Beachtung schenkte." „*Keine Überlappung* fand .... dann statt, wenn der Lehrer einem der beiden überlappenden Probleme offensichtlich keine Beachtung schenkte" (S. 96).

Die *Ergebnisse* zeigen, daß sowohl Allgegenwärtigkeit als auch Überlappung in signifikantem Zusammenhang mit dem Führungserfolg stehen. Die Korrelationen sind nach Kounins Befund

„höher als alle, die in früheren Studien zwischen irgendwelchen Lehrereigenschaften oder -verhaltensweisen und irgendwelchen Folgen für das Schülerverhalten gefunden wurden" (S. 13).

Für die Übungen und die Stillarbeit, den beiden Hauptformen des beobachteten Unterrichts, stellte Kounin fest:

Allgegenwärtigkeit wirkt sich förderlich auf die Mitarbeit, insbesondere bei Übungen, aus und hemmt die Entstehung von Fehlverhalten bei Übungen und bei Stillarbeit.

Überlappung steigert die Mitarbeit im Rahmen von Übungen und hemmt die Entstehung von Fehlverhalten bei Übungs- und Stillarbeit. Allgegenwärtigkeit korreliert höher mit dem Schülerverhalten, scheint also von beiden Faktoren der wichtigere zu sein.

2. Die nächsten Dimensionen, die untersucht wurden, betrafen zwei Merkmale der *Steuerung* von Unterrichtsabläufen: *Reibungslosigkeit* (vs. Sprunghaftigkeit) und *Schwung* (vs. Verzögerung). Die Forscher unterschieden fünf Merkmale für die Dimension Reibungslosigkeit/Sprunghaftigkeit. Es sind negative Merkmale, d.h. Reibungslosigkeit wird an Fehlern (Sprunghaftigkeit) gemessen, weil sie leichter zu registrieren sind als die ungestörte Arbeit:

a) Reizabhängigkeit (der Lehrer hält sich plötzlich viel zu lang mit einer am Boden liegenden Plastiktüte auf);
b) Unvermitteltheit (der Lehrer platzt in eine Gruppenbeschäftigung hinein);
c) thematische Unentschlossenheit (der Lehrer kommt auf eine abgeschlossene Sache zusammenhanglos zurück);
d) thematische Inkonsequenz (der Lehrer kündigt einen Stoff an, beschäftigt sich dann aber mit etwas anderem, z.B. dem Klassenbuch);
e) Verkürzungen (eine länger anhaltende thematische Inkonsequenz).

Die Dimension Schwung oder Flüssigkeit versus Verzögerung wurde an zwei Merkmalen gemessen:

a) Überproblematisierung (der Lehrer hält sich durch eine „Moralpredigt" zu lange mit einem Zwischenfall auf);
b) Gruppen-Fragmentierung (der Lehrer beschäftigt sich so mit einzelnen Schülern, daß für die anderen erhebliche Wartezeiten entstehen).

Kounin kam zu folgenden *Resultaten*:

Reibungslosigkeit korreliert hoch mit Mitarbeit sowie mit Ausbleiben von Fehlverhalten und zwar mehr bei Übungsarbeit als bei Stillarbeit. Schwung korreliert bei Übungen in gleicher Höhe mit Mitarbeit und Ausbleiben von Fehlverhalten; in Stillarbeit nur mit ausbleibendem Fehlverhalten.

3. Als nächstes untersuchten Kounin und Mitarbeiter die Fähigkeit der *Aufrechterhaltung eines Gruppen-Fokus:* das heißt, die gesamte Klasse als Gruppe ansprechen und zusammenhalten, auch dann, wenn man einzelne Schüler drannimmt. Untersuchte Dimensionen dieser Fähigkeit sind: *Gruppenmobilisierung* und *Rechenschaftsprinzip*. Zur Gruppenmobilisierung zählen die Verhaltensweisen des Lehrers, die geeignet sind, nichtaufgerufene Schüler während des Vortrags eines anderen Schülers oder vor dem neuerlichen Aufrufen eines Schülers auf dem Posten zu halten (z.B. die Schüler in Ungewißheit darüber zu halten, wer als nächster drankommt). Die Dimension Rechenschaftsprinzip umfaßt alle Verhaltensweisen, mit denen der Lehrer die Arbeitshaltung der Schüler während der Stunde, bzw. womit sie sich beschäftigen, kontrolliert; hierzu gehören auch die Maßnahmen, mit denen der Lehrer den Schülern mitteilt, daß er über ihr Tun Bescheid weiß.

Folgende *Ergebnisse* stellten sich heraus:

Gruppenmobilisierung korreliert in Übungsarbeit auf hohem Signifikanzniveau mit Mitarbeit und ausbleibendem Fehlverhalten; in Stillarbeit ergibt sich nur eine schwache Korrelation für ausbleibendes Fehlverhalten.

Das Rechenschaftsprinzip erreicht Signifikanzniveau nur bei Übungen, dort aber für Mitarbeit und ausbleibendes Fehlverhalten.

„Obwohl .... beide Dimensionen die Bereitschaft zur Mitarbeit steigern und Fehlverhalten einschränken, scheint es doch noch wichtiger zu sein, daß man die Schüler auf dem Posten hält und mobilisiert, als daß man sie kontrolliert" (S. 130).

4. u. 5. Die letzten beiden Dimensionen, die untersucht wurden, betrafen die *programmierte Überdrußvermeidung* (Maßnahmen zur Gestaltung des Unterrichtstages und der Unterrichtsstunden, die Überdruß vermeiden sollten) und *Abwechslung*.

Versuche des Lehrers, zur Vermeidung von Überdruß mehr Begeisterung, Arbeitsbereitschaft oder Neugierde auf den Unterricht zu wecken,

„erwiesen sich als ziemlich erfolgreich in der Stimulierung von Mitarbeit und der Eindämmung von Fehlverhalten sowohl bei Übungen als auch bei der Stillarbeit" (S. 136).

Als Hauptergebnis der Untersuchung zur Abwechslung im Unterricht stellte sich heraus, daß vor allem in der Stillarbeit der Abwechslungsreichtum sowohl mit der Mitarbeit als auch mit dem Ausbleiben von Fehlverhalten hoch korreliert.

„Abwechslungsreiche Stillarbeit korreliert sogar höher mit der Arbeitsbereitschaft bei Stillarbeit als jede andere einzelne Lehrerstil-Dimension" (S. 142).

Man wird die Untersuchungen und Ergebnisse Kounins nicht unterschätzen dürfen, weil sie grundlegende (und begehrte) Fähigkeiten zur *Führung von Gruppen* herausstellen. Die Institution Schule richtet Klassen als formelle Gruppen ein, und Lehrer sind Institutionsführer. Da liegt es nahe, diese Grundfähigkeiten für Schule und Lehrerbildung ins Auge zu fassen. Die vorgenommene Problematisierung und Kritik der Bedingungen institutionalisierten Lernens (im Dienste der Reproduktion) betrifft aber in gleichem Maße diese Techniken.

Es handelt sich um Techniken der Führung *im* Klassenzimmer, also unter Akzeptierung aller Rahmenbedingungen. Zudem wird das Netz der in Anspruch nehmenden und kontrollierenden Verhaltensweisen des Lehrers mit Hilfe dieser Techniken so engmaschig, daß so leicht kein Schüler entwischen kann. Wenn die Lehrer die Techniken exzellent beherrschen und anwenden können (was ihnen ein neues Selbstgefühl als ,,professionals" geben wird, das die Anwendung noch verschärfen kann), wird der Raum für eigene Beiträge der Schüler und für ihre Mitbestimmung immer geringer. Auch die von Kounin untersuchte Gruppenarbeit war lehrerzentrierter Unterricht.

Man mag einwenden, daß nur Kinder bis zum 5. Schuljahr so geführt und solchen Techniken unterworfen werden könnten (,,Jetzt wird's vertrackt, ihr werdet also eure Denkermützchen aufsetzen müssen!" – S. 136). Dem wird man aber entgegenhalten müssen, daß sich auf höheren Klassen die Techniken in andere Formen und Worte kleiden ließen. Wohl kann man annehmen, daß solche Führung auf Dauer die oben beschriebene Äußerung der Nichtidentifizierung mit der Rolle des Geführten zur Folge hat. Viele Schüler werden die Rolle allerdings auf den höheren Klassen längst internalisiert haben.

Kounin selbst sieht keine gefährlichen Implikationen in diesen Techniken, wenn sie ,,nicht als Selbstzweck" angesehen werden. Sie stellen für ihn ein ,,notwendiges Instrumentarium" dar, dessen Beherrschung den individuellen Handlungsspielraum erweitert[8].

> ,,Der Besitz von Fertigkeiten zur Führung einer Gruppe erlaubt es dem Lehrer, seine (!) Lehrziele zu erreichen – mangelnde Führungskunst schafft Barrieren" (Nr. 175, S. 149).

Kounins Buch schließt mit dem Satz: ,,Die Beherrschung der Gruppenführungstechniken enthebt den Lehrer fortan seiner Führungssorgen" (S. 149); das heißt: für die Schule, wie sie ist, sind die dargestellten Techniken der Klassenführung optimal.

---

[8] Vgl. diese Einstellung mit der bei J. Grell kritisierten!

Kapitel 8: Kritisch-produktive Ansätze

Es geht in diesem Kapitel um die Beantwortung der Frage, wie es möglich ist, auf die Überwindung des dargestellten Dilemmas zuzugehen, statt es aus den Augen zu verlieren oder ihm auszuweichen und die Zusammenhänge dahin zu verkürzen, daß Schüler, Lehrer oder Instrumente für untauglich erklärt werden.

a) Rational-kommunikative Praxis

Die Praxis, die auf eine solche Überwindung zugeht, wird hier als rationale Kommunikation gekennzeichnet. Dieser Begriff entstammt der Kritischen Erziehungswissenschaft oder Pädagogik der Kommunikation und bezeichnet dort eine Erziehungs- und Lebenspraxis, die, auf der Basis einer Analyse geläufiger Praxis und im Vollzug demokratischer Perspektiven ritualisiertes Handeln überwindend, neue, miteinander bestimmte Verhältnisse schafft[9].

Die Rationalität dieser Praxis hängt ab von größtmöglicher Information und unbehinderter Beteiligung aller Betroffenen, ferner von politischer Aufmerksamkeit und soziologischer Phantasie[10], die es ermöglichen, daß das Bedingungsgefüge der Determinanten gesellschaftlicher Praxis erkannt wird. Solche Praxis ist vielfältig behindert, weshalb zutreffend von Anfängen *tendenziell* rational-kommunikativen Handelns die Rede ist.

Rational-kommunikative Praxis kann sich an der Erkenntnis entzünden, daß Lehrer wie Schüler den Situationen unterworfen sind (z.B. anläßlich der praktischen Erfahrung, wie bei einer Disziplinarkonferenz die Maßnahme und der Fall gehandhabt werden und unter welchen Zwängen man als Klassenlehrer dabei beteiligt ist). In neueren didaktischen Versuchen, in denen davon die Rede ist, daß die Schüler Subjekte des Unterrichts und der Schule werden sollten, scheint häufig mitzuschwingen, daß die Lehrer Subjekte der Schule seien, also die dortigen Verhältnisse bestimmten[11]. Der Anschein trügt aber. Die Lehrer sind Funktionsträger, deren Handeln fast ausschließlich institutionell vorgeschrieben ist, und insofern sind sie Objekte der Situation.

Es muß daran erinnert werden (vgl. I. Teil), daß für Lehrer und Schüler gleichermaßen gilt: Schule als Institution und Organisation, als modernes Erzeugnis und Teilstück bürokratischer Produktions- und Herrschaftsform, bedeutet, daß den Beteiligten die Entscheidungen, eigenes Handeln und der Tendenz nach auch der „Handel um Identität" eingeengt bis genommen sind. Die verwaltete büro-

[9] Die Kritische Erziehungswissenschaft ist *eine* der Richtungen innerhalb gegenwärtiger Erziehungswissenschaft, die den Titel „kritisch" in Anspruch nimmt. Vgl. Nr. 23, 24, 25 und J. Fellsches, Moralische Erziehung als politische Bildung. Heidelberg 1977.

[10] Vgl. O. Negt, Soziologische Phantasie und exemplarisches Lernen. Frankfurt, 3. Aufl. 1972.

[11] Dieser Anschein kann auch dazu beitragen, daß die Schüler per Machtergreifung *gegen* die Lehrer Subjekte werden wollen.

kratische Schule enthebt ihre Teilnehmer der Anstrengung rationaler Kommunikation zugunsten vorgefertigten ritualisierten Handelns. Die Tatkraft der Betroffenen wird für erwünschte Vollzüge gebraucht: wenn man als Lehrer abgemattet nach Hause kommt, hat man seinen ,,Dienst" getan, seine ,,Pflicht" erfüllt (was auch für Schüler gilt), eine ,,Dienstleistung" erbracht; die in Anführung gesetzten Begriffe sind solche der Bürokratie und Kennzeichen einer modernen Art der Entfremdung.

Erst wenn Lehrer und Schüler (Schulklasse, Schule) als so Determinierte, von anderen und anderem Konstituierte, in ihrer Situation rational zu kommunizieren beginnen, werden sie zu Subjekten, die ihre Situation miteinander selbst bestimmen. Der Anfang ist schon realer (und nicht nur ideeller) Ausdruck dessen, was sie entdecken werden: daß sie *auch* konstituiert sind durch nur zum Teil verwirklichte demokratische Perspektiven, die Befreiung aus dem Konstituiertsein ermöglichen, d.h. den Übergang zum Konstituierenden. Sie sind dann nicht mehr bloß Unterworfene, sondern ihre Praxis Bestimmende (Konstituierende).

Das ist – kurz gefaßt – der theoretische Hintergrund, vor dem die nächsten Abschnitte zu verstehen sind.

Vor diesem Hintergrund wird nun noch deutlicher, welche Funktion das in Kapitel 1 mit einem Beispiel herausgestellte Denkschema hat: es stabilisiert die Verhältnisse. Die Suche nach schuldigen Schülern und Lehrern, die willentlich oder nachlässig falsch gehandelt haben, tut den Verhältnissen keinen Abbruch. Die Schwächen aufgrund struktureller Determinanten und als Folgen konfliktträchtiger Verordnungen bleiben unberührt. Die schuldig Befundenen und alle als potentiell Schuldige werden ein ,,schlechtes Gewissen" bekommen, was sie noch folgsamer und eifriger machen wird. Das Denkschema ist eine Ideologie: es soll die Einsicht verhindern, daß die Beteiligten in Wirklichkeit Verhältnissen unterworfen sind, die von anderen definiert wurden; denn diese Einsicht könnte zur veränderten Tat führen.

Kritisch-produktive Beiträge für eine rational-kommunikative Praxis als Ausweg aus dem Disziplin-Dilemma versuchen Heidrun Lotz (Nr. 194) und F. Thiemann (Nr. 206) zu geben. Auf sie soll hier kurz hingewiesen werden. H. Lotz versucht in Anlehnung an die Tradition der ,,bewußten Disziplin"[12] ein progressives, gezielt antikapitalistisches Disziplinverständnis für ein strategisches Lernen in der (Gesamt-) Schule zu entwickeln. Disziplin wird als bewußte Einordnung in Strategien und Aktionen für die Interessen der arbeitenden Bevölkerung verstanden und löst eine Disziplin ab, die den Interessen der Herrschenden diente. In dem Maße, wie in diesem Konzept Fragen nach Klassen (in der BRD), Klassenbewußtsein, nach benennbaren privilegierten Herrschafts*gruppen* (im Gegensatz zu Funktionsinhabern!) bereits so beantwortet sind, daß die ,,bewußte Disziplin"

[12] Die sog. bewußte Disziplin ist seit Lenin und Makarenko Bestandteil der kommunistischen Pädagogik in der Sowjetunion und der DDR. Vgl. Nr. 80, 89, 90.

eine Orthodoxie einschließt, in dem Maße läuft der Versuch Gefahr, Selbstbestimmung zugunsten der Dienstbarkeit für einen neuen ,,Herrn" abzutreten.

F. Thiemann skizziert u.a. eine ,,innovierende Schulforschung" (Nr. 206, S. 19/20) und nicht-vorschreibende Unterrichtsplanung, deren Verwirklichung Grundbedingungen für eine Entstörung des Unterrichts schaffen würden.

Etwas eingehender sei auf eine französische Bewegung aufmerksam gemacht, die von G. Lapassade initiiert wurde und sich ,,institutionelle Pädagogik" nennt[13]. Die Bezeichnung erklärt sich aus einem relativen Gegensatz zur Gruppenpädagogik (Gruppendynamik), die nach Lapassade zu kurz greift, weil sie die institutionellen Bedingungen, die eine Gruppe definieren, außer acht läßt.

,,Es genügt festzuhalten, daß Forscher und Praktiker im Laufe der letzten Jahre endgültig zu der Feststellung gelangten, daß eine ,Gruppe' – und unter ,Gruppe' verstehe ich auch eine soziale Organisation – immer durch Institutionen überdeterminiert ist" (Nr. 191, S. 10).

Lapassade, der ,,das Privateigentum an der Organisation" als ,,das Auszeichnendste und die letzte Grundlage unseres gesellschaftlichen Lebens" sieht (Nr. 191, S. 32), geht es um (pädagogische) Selbstbestimmung (autogestion), in der die Trennung zwischen Führenden und Ausführenden aufgehoben ist. Der Anfang soll dadurch gemacht werden, daß die Schüler in der Schulklasse mit dem Lehrer als Partner innerhalb der ,,äußeren" Institution (Schule als Anstalt, Klassenverband etc.) die ,,inneren Institutionen" (Methoden, z.T. Inhalte, Klassenrat etc.) selbst zu bestimmen beginnen.

Von der Tatsache her – so Lapassade –, daß wir von Kindheit an daran gewöhnt worden sind, die Trennung zwischen Führenden und Ausführenden und ihre Folgen als natürliche und ewige Gegebenheiten der gesellschaftlichen Wirklichkeit anzusehen, wird verständlich,

,,daß man die Schule verändern muß, wenn man wirklich die Gesellschaft verändern will. Zweifellos genügt die Veränderung der Schule nicht. Aber umgekehrt kann sich gar nichts ändern, wenn die Menschen nicht von Kindheit an lernen, Institutionen zu bilden und sie zu leiten. Hier liegt die Wurzel dessen, was ich die pädagogische Selbstbestimmung (autogestion) nenne. Es geht ihr darum, Einstellungen und Verhalten zu ändern. Wenn morgen neue Formen eingeführt werden, bei denen es darum geht, endlich allen die Teilnahme an den Entscheidungen, d.h. die gesellschaftliche Selbstbestimmung, zu ermöglichen, so wird das gar nichts nützen, wenn die Menschen nicht bereits gelernt haben, in der neuen Gesellschaft zu leben, fortwährend an ihr zu bauen und niemals mehr die geschichtliche Entwicklung in erstarrten und von dem instituierenden Akt getrennten Institutionen aufzuhalten" (Nr. 191, S. 31/32).

Die Theorie und Praxis der institutionellen Pädagogik und der Pädagogik der Kommunikation stehen einander auch dadurch nahe, daß beide ein politisches Verständnis von symmetrischer Kommunikation bzw. Nichtdirektivität enthal-

---

[13] Vgl. Nr. 191–193.

ten. Bei Lapassade kommt dieses Verständnis in dem Versuch zum Ausdruck, eine Verbindung zwischen Gruppendynamik (Training-Groups), nicht-direktiver Methode (C. Rogers) und gesellschaftlicher Veränderung herzustellen. Nach einer Würdigung der Entdeckungen und Vorzüge der Gruppendynamik sowie der nicht-direktiven Methode von Rogers stellt Lapassade kritisch fest:

„Rogers' Auffassungen – und die ‚nicht-direktive Erziehung' überhaupt – entwickeln sich im Zusammenhang einer hierarchisierten Industriegesellschaft, in der man von den Individuen soviel Initiative verlangt, daß sie tun, was die Automaten nicht tun können, nämlich Entscheidungen fällen. Gleichzeitig aber erwartet man von ihnen soviel Unterwerfung oder ‚Selbstkontrolle', daß sie die Strukturen, Institutionen und allgemeinen Funktionsprinzipien der Gesellschaft nicht in Frage stellen. Daher rührt der Pädagogismus, der nur einen Abklatsch der therapeutischen Praxis darstellt: Man versteht die Individuen und Gruppen als Anwärter auf eine psychische ‚Reife', deren Norm sie in sich tragen und deren Entfaltung man fördert" (Nr. 191, S. 52).

Wie die institutionelle Pädagogik versucht, die Nichtdirektivität aus ihrer Isolation herauszuholen, soll durch ein letztes längeres Zitat verdeutlicht werden:

„In Rogers' ursprünglichen Auffassungen stellt die individuelle oder gesellschaftliche Nicht-Direktivität die strukturelle Direktivität nicht in Frage. Anders gesagt: Die nicht-direktive Selbsterziehung hat nicht die Selbstbestimmung über diese Erziehung zur Grundlage. Hier liegt ihr Grundwiderspruch. Dieser Widerspruch kann nur aufgelöst werden, wenn man das, was zuvor getrennt wurde, nämlich Politik und Erziehung, wieder zusammenfügt, d.h. wenn man die Prinzipien und Techniken einer Selbsterziehung ausarbeitet, die von Anfang an einschlösse, daß die ‚Klienten' der Erziehung diese selbst leiten. Das schließt den Lehrenden nicht aus. Wir proklamieren nicht ein Laisser-faire in der Pädagogik, und das Problem der Lehrenden bleibt bestehen. Aber vielleicht ist der wahrhaft ‚nicht-direktive' Pädagoge derjenige, welcher der Gruppe die Möglichkeit gibt, die Voraussetzungen der Pädagogik selbst zu strukturieren" (Nr. 191, S. 52/53).

Die Zusammenfügung und der Zusammenhang von Politik und Pädagogik ist das Moment der folgenden schulpraktischen Folgerungen, das diese zu politisch-produktiven macht und ihnen die Chance vergrößert, das Dilemma zu überwinden. Es ist in den Handlungen der Lehrer, Schüler und Eltern als politische Aufmerksamkeit anwesend, die sich andernorts als unmittelbare politische Betätigung artikulieren kann. Freilich sollte man sich keine Illusionen machen, was das Ausmaß der Möglichkeiten in der Schule angeht. Durch die Schulkritik der vergangenen Jahre ist in aller Deutlichkeit und immer wieder herausgestellt worden, daß unser Schulwesen grundlegend geändert werden muß, was nicht in der Macht der Lehrer steht. Es ist Sache der Bildungspolitik, außer für bessere Ausstattung der Schulen, Ermöglichung von Alternativen und Reformschulen, Einrichtung kleiner Klassen und Einstellung von mehr Lehrern (Arbeitslosengelder und Unkosten für Zerstörungen drohen höher zu werden als zusätzliche Lehrergehälter) für eine Schulstruktur zu sorgen, die Solidarität, Partizipation und Entritualisierung nicht nur zuläßt, sondern zur Basis hat.

Die Stoßrichtung der notwendigen bildungspolitischen Veränderungen ist in den Überschriften der Abschnitte dieses Kapitels angezeigt; *in* den Abschnitten wird angesprochen, was Lehrer in Zusammenarbeit mit Schülern und Eltern[14] bereits zur Vorbereitung und als Anfang einer besseren Schule tun können[15].

b) Solidarität und Gruppenbildung

Rationale Kommunikation impliziert Solidarität und Gruppenpraxis. Studenten, Praktikanten, Lehrer, Schüler, Lehrer und Schüler können sich zu kleinen Gruppen zusammenschließen. Solche Gruppen entstehen häufig – auch im Lehrerkollegium – aus Sympathie und Geselligkeit: man stellt fest, daß einige ungefähr „die gleiche Wellenlänge" haben. Diese Gruppen müssen nicht im Bereich der Geselligkeit verbleiben, häufig gehen Themen sowieso aufs berufliche Feld über. Zu Geselligkeit und emotionaler Stützung kann die solidarische Bewältigung der gemeinsamen Aufgaben und Probleme kommen.

Von den entgegenstehenden Schwierigkeiten sei nur eine genannt: Studium, Ausbildung und Berufssituation des Lehrers sind so angelegt, daß die einzelnen Betroffenen isoliert und die notwendigen organisatorischen Absprachen über funktionale Gremien und Konferenzen gesichert werden. Die Isolierung des einzelnen (Beamten) auf seinen Dienst und seine Pflicht soll eine bürokratische Organisation reibungslos funktionieren lassen. Der Ehrgeiz und die Befriedigung der einzelnen soll sich auf den Pflichtbereich erstrecken, nicht auf eigenständige Veränderung.

Jeder einzelne, der ausschert, ist Abweichler, und das System sieht Mechanismen vor, ihm wirksam zu begegnen. Gegenüber Gruppen funktionieren die Mechanismen nicht so gut.

Ein einfaches Beispiel: Ein einzelner Lehrer, der neue Unterrichtsmethoden, neue Medien oder häufige Außenkontakte einführt, kann schon durch die abfällige Resonanz seitens der Kollegen zermürbt und zur Aufgabe seines Engagements geführt werden. Das lehrt die Erfahrung ebenso, wie die Gruppenforschung es erwiesen hat. Dieser Lehrer bedarf einer solidarischen (informellen) Gruppe, die ihm den Rücken stärkt. Die Gruppe wird darüber hinaus die Arbeit der Fach-, Klassen-, Stufen- und Gesamtkonferenz pädagogisch bereichern. Nur in seltenen Fällen wird es glücken, daß z.B. Fachkonferenz und informelle Gruppe zusammenfallen.

Freilich bietet sich Solidarität nicht allein deswegen an, weil sie politisch durchschlagender ist und einer durch ihre Stütze nicht so schnell resigniert. Solidarität ist die positive Wahrnehmung und Aktivierung dessen, was ohnehin der Fall ist: Sozialität. Im Regelfall wird Sozialität lediglich erlitten, im Falle der Solidarität

---

[14] Auch Fachleiter, Seminarleiter, Schulräte, Dezernenten und Abteilungsleiter können sich beteiligen!

[15] Vgl. zu Möglichkeiten schulischer Veränderungen und zum Verhältnis innerschulischer und bildungspolitischer Aktivitäten die Modelle von W. Fischer: Konkurrenzmodell, Reduktionsmodell, Subversions- oder Unterlaufungsmodell und Reformmodell (W. Fischer, Bildung trotz Schule? In: Vjschr. f. wiss. Pädagogik 51 (1975), H. 4, S. 327–343.

wird sie zu „einer Tugend gemacht": daß wir miteinander in Verbindungen und Abhängigkeiten stehen, kommunizieren und interagieren, wird nicht einfach im faktisch Gegebenen belassen, sondern die Betroffenen gestalten dieses „Netz" selbst.

Solidarische Gruppen geben der Kommunikation auch eine neue Qualität. Es kommen Bereiche zur Sprache, die offiziell tabu sind oder stereotyp behandelt werden. Dies trifft z.B. für unser Thema Disziplin/Disziplinierung zu. Daß die Kommunikation dieser Problematik in Lehrerkollegien verzerrt ist, bestätigt die Untersuchung von M. Baus u.a. (Nr. 128), die wir bereits an anderer Stelle herangezogen haben. Lehrer haben ein falsches Bild von der Situation, sehen Schwierigkeiten nur beim Kollegen, verschweigen die eigene Not, verdrängen rationale Auseinandersetzung mit der Sache, haben Schuldgefühle, Komplexe usw. Der Mangel an rationaler Kommunikation und die bestehende stereotype Kommunikation sind die Ursache.

„Die konflikthaften, emotional belastenden Situationen, die durch Projektionen (auf die Kollegen, J.F.) abgewehrt werden, erschweren zwangsläufig die sachliche Auseinandersetzung und den Aufbau einer systematischen Erziehungskonzeption.

Unsere Verursachungshypothese, die wir vor allem in der mangelnden sachlichen und institutionalisierten Kommunikation mit den Kollegen sehen, hat sich bestätigt. ....

Die an sich schon schwache Kommunikation, die zur Verzerrung der Realität, sowohl der eigenen als auch der der anderen, geführt hat, wird noch weiter erschwert. Man verzichtet lieber auf den Beistand der Gruppe, als ihr das Eingeständnis von Schwierigkeiten zu machen. Die Ratlosigkeit der Lehrer in ihrem Umgang mit einem zentralen erzieherischen Problem wird durch die Folgen fehlender Kommunikation noch verschlimmert, und die Distanz zur Bezugsgruppe vergrößert sich. Es entsteht ein Circulus vitiosus, in dem das Dilemma verfestigt wird" (Nr. 128, S. 799/800).

Die Solidarität und mit gewissen Einschränkungen auch die Gruppenbildung können sich auch auf das Lehrer-Schüler-Verhältnis erstrecken. Was dem im Wege steht, ist nicht eine pädagogische Autorität, die „natürlich" oder „wesentlich" eine unüberbrückbare Kluft zwischen Schüler und Lehrer herstellte. Kritische Erziehungswissenschaft hat dargelegt, daß es seine solche pädagogische Autorität nicht gibt[16]. Was im Wege steht, ist die soziale Distanz zwischen Lehrern und Schülern, die vom System gefordert wird. Sie ist Ausdruck der Herrschaftsverhältnisse, d.h. der Macht (Autorität), die den Lehrern, Schulleitern, Schulräten etc. von Amts wegen übertragen wird. Das System sieht die Wahrung der sozialen Distanz sehr wohl vor. Das äußert sich z.B. in den Berichten des Schulleiters an die Schulbehörde, in denen sich die Feststellung wiederholt, daß der betreffende Kollege ein gutes Verhältnis zu den Schülern habe, ohne die notwendige Distanz zu verlieren.

Die tägliche ritualisierte Darstellung der Distanz erschwert den Aufbau einer symmetrischen Kommunikation. Die Schüler werden den Verdacht nicht los, alle

---

[16] Vgl. K. Mollenhauer, Erziehung und Emanzipation. München 1968. – J. Fellsches, Autorität und Gehorsam. In: Ders., Moralische Erziehung als politische Bildung. Heidelberg 1977.

freundlichen Gesten und Anstrengungen des Lehrers seien letzten Endes doch nur Versuche, sie unmerklich zu vereinnahmen. Lehrer werden Mühe haben, den Schülern in Erfahrung zu bringen, daß Schüler und Lehrer an denselben Bedingungen des Systems leiden, beider Leiden dieselben Wurzeln hat und daß sie bessernde Veränderung gemeinsam versuchen könnten. Wie viele Lehrer selbst nicht, so sehen auch Schüler nicht ohne weiteres, daß auch Lehrer der strukturellen Direktivität unterworfen sind. Wenn ihnen das aber einmal aufgegangen ist, werden sie die Versuche und Zeichen der Solidarität von seiten des Lehrers auch wahrnehmen und richtig einschätzen können. Solidarität des Lehrers mit den Schülern kann sich z.B. äußern

- im Eintreten für Schüleranliegen,
- im Hinweis auf ihre Rechte und in der Beteiligung an der Durchsetzung ihrer Rechte,
- im Hinweis auf die Möglichkeiten der SMV,
- in der Unterstützung von Schülerveranstaltungen,
- in der Unterstützung der Schülerzeitung,
- in der Bereitschaft zu Klassenfahrten und Ausflügen,
- im Kontakt mit den Eltern,
- in der Berücksichtigung der häuslichen Verhältnisse,
- im Unterrichtsstil und in der (reversiblen) Sprache,
- in Zeugniskonferenzen,
- in Disziplinarkonferenzen.

Auch für diesen Zusammenhang ist ein empirischer Befund von Bedeutung. Fend u. a. stellten in einer Untersuchung (Nr. 130) den Zusammenhang zwischen der Qualität der Sozialbeziehungen zwischen Schülern und Lehrern und dem abweichenden Schülerverhalten fest.

„In keiner Schulform gehen gute Sozialbeziehungen mit erhöhtem abweichenden Verhalten einher. Die Annahme, gute Sozialbeziehungen vertrügen sich nicht mit diszipliniertem Verhalten der Schüler, läßt sich also nicht halten. In Gesamtschulen und Realschulen ist in jenen Klassen, in denen gute Sozialbeziehungen zwischen Lehrern und Schülern herrschen, das abweichende Verhalten sogar signifikant ($p = .01$) niedriger als in Klassen mit schlechten Sozialbeziehungen. Keine Unterschiede ergeben sich in Hauptschulen und Gymnasien" (Nr. 130, S. 48. Auch in Nr. 7, S. 82).

Nur zur Vorbeugung sei angemerkt, daß der letzte Satz nicht heißt, in Hauptschulen und Gymnasien seien Sozialbeziehungen unwichtig.

c) Partizipation: Unterricht und Schülerpraxis

Wenn ein wesentliches Potential für Konflikt und Gewalt in der Schule daher rührt, daß den Heranwachsenden in der Schule ihre soziale Schüleridentität aufgezwungen wird ohne Rücksicht darauf, daß sie zum Aufbau ihrer Identität selbst Beiträge leisten müssen, damit sie zugleich notwendige Grundqualifikationen für die Anforderungen des heutigen Lebens erlangen, dann folgt daraus für die Überwindung des Disziplin-Dilemmas, daß die Identität der Schüler außerhalb der Schule im Unterricht beachtet werden muß; m.a.W. die Lebenswelt der Schüler, ihre Praxis, muß in den Unterricht aufgenommen werden. Dies ist ein erster qualitativer Schritt zur *Partizipation*, um die sich der Deutsche Bildungsrat bemühte (vgl. Nr. 4).

Partizipation wird möglich durch Einlaß der Schülerpraxis in den Unterricht. Dies nicht etwa als Motivierungstrick oder um der Abwechslung willen, nicht als eine neue Masche, die Schüler zu vereinnahmen. Alle Anstrengungen um offene Curricula und Beteiligung der Betroffenen müssen im Zusammenhang mit den gesellschaftskritischen Bemühungen der Didaktik und Curriculumreform gesehen werden. Beteiligung der Betroffenen und Hereinnahme der Schülerpraxis ist nicht isoliertes Endziel, sondern hat seinen Platz in dem Gesamtanspruch nach demokratischer, humaner Schule.

In diesem Zusammenhang will Aufnahme der Schülerpraxis, daß letztere im Kontext der gesellschaftlichen Praxis durchleuchtet wird, damit sich zeigt, was die Praxis der Schüler in Wahrheit ist. Es muß herauskommen können, was (ihre) Realität – von Ideologien befreit – *ist*; dann kann klar werden, was man mit ihnen – den Kindern und Jugendlichen – in dieser Gesellschaft macht, worauf alles immer wieder hinausläuft und was die Schüler vielleicht (!) selbst tun können. In dem Maße, wie die Schüler bemerken, daß es um ihre Sache geht (und das kann dauern, weil sie es gar nicht mehr erwarten), in dem Maße werden sie auch motiviert sein[17].

Bereits *vor* Institutionalisierung der Partizipation besteht die Möglichkeit, die Lebenspraxis der Schüler in den Unterricht einzulassen. Soviel Spielraum lassen die Richtlinien schon jetzt (relative Autonomie, Unterdeterminiertheit).

Es kommt z. B. vor, daß innerhalb einer Schulklasse mehrere Schüler Mitglieder einer oder sogar der gleichen politischen, kirchlichen oder sonstigen Jugendgruppe sind, ohne daß dies jemals im Unterricht (außer im ,,Underlife") eine Rolle spielte. Die wirklichen Probleme und Lebensweisen der Kinder und besonders der Jugendlichen bleiben draußen: ihre Not mit der letzten und vorletzten Generation, ihre Angst vor der nahen und fernen Zukunft, ihr Haß gegen alles, was sie vereinnahmt; ihr Pop und ihr Sex; ihre Situation als Hauptschüler oder Gymnasiast, als zukünftiger Lehrling oder Arbeitsloser; daß sie umworbene Konsumenten sind und unsichere Idolsucher.

Wenn Schüler einen eigenen Handlungsraum erhielten und Raum zur Mitwirkung, könnte der beklagte Zustand geändert werden. Mitwirkung kann bei der Mitgestaltung des Unterrichts beginnen, und hier hat sie auch schon begonnen. Bereits der SMV-Erlaß NRW von 1968 sah Mitwirkung an der Auswahl von Unterrichtsinhalten vor, woran hier erinnert werden soll:

,,Die Klassensprecher und der Schülersprecher sind gemäß Nr. 4.1 SMVE berechtigt, An-

---

[17] Vgl. als exemplarische Arbeit: Ch. Searle, Nr. 67.

regungen zur Gestaltung des Unterrichts vorzulegen und im Rahmen der Lehrplanrichtlinien bei der Auswahl der Unterrichtsstoffe mitzuwirken.

Um den Schülern die Mitwirkung bei der Auswahl der Unterrichtsstoffe zu ermöglichen, ist es geboten, daß der Fachlehrer dem Klassensprecher zu Beginn des Schuljahres die nach den Lehrplanrichtlinien in Betracht kommenden Unterrichtsstoffe bekanntgibt.

Anregungen zur Gestaltung des Unterrichts und zur Auswahl der Unterrichtsstoffe hat der Fachlehrer mit der Klasse, der Schulleiter mit dem Schülerrat zu diskutieren.

Von den Schülern einer Klasse mit Mehrheit beschlossene Anregungen zur Gestaltung des Unterrichts und zur Auswahl der Unterrichtsstoffe sollen nach Möglichkeit berücksichtigt werden.

Die Verantwortung des Lehrers für den ihm übertragenen Unterricht bleibt unberührt"[18].

Übrigens: ,,Dieser Erlaß ist den Schülern und deren Erziehungsberechtigten in regelmäßigen Abständen (zu Beginn jeden Schuljahres) bekanntzugeben"[19].

Vielfach sind die Chancen, die mit diesen Bestimmungen gegeben wurden, nicht voll genutzt worden. Nach entmutigenden Versuchen, den in Mitbestimmung unerfahrenen Schülern durch ad hoc-Fragen ihre ,,Interessen und Bedürfnisse" zu entlocken oder dies durch Fragebogen zu erreichen, scheuten viele Lehrer weitere Mühe und wandten sich wieder dem Schulbuch zu.

Es könnte aber bereits versucht werden, was der Deutsche Bildungsrat als feste Einrichtung zukünftiger Schulen vorsah, nämlich Unterrichtsplanungsforum und Schülerkritik.

,,In regelmäßigen Abständen oder auf Antrag einer Klasse oder Lerngruppe findet ein Unterrichtsplanungsforum statt, in dem die Vorstellungen der Lehrer über Unterricht und die Vorschläge der Schüler für die Planung des Unterrichts diskutiert werden" (Nr. 4, S. 22).

,,In gewissen Zeitabständen sollte eine Sitzung der am Unterricht beteiligten Lehrer und Schüler stattfinden, auf der der Verlauf des Unterrichts diskutiert und kritisiert werden kann. .... Diese Schülerkritik, die heute meistens nur informell stattfindet, sollte sich im Zusammenhang des Unterrichts artikulieren können. Erst dadurch kann die vorhandene Kritik in geregelter Weise in den Unterricht und vor allem in einen auf Gegenseitigkeit beruhenden Kritik- und Diskussionsprozeß zwischen Schülern und Lehrern einbezogen werden" (Nr. 4, S. A 65).

Partizipation durch Verbindung der Lebenspraxis der Schüler mit dem Unterricht wird nicht in allen Fächern gleich gut möglich sein. Die Aufsplitterung in Fächer wird sich ohnehin als hinderlich erweisen, fächerübergreifender Unterricht, Absprachen und Zusammenarbeit der verschiedenen Fachlehrer, Team-Teaching werden notwendig.

Das alles geht nicht jeden Tag; aber wenn jeder Lehrer *einen* Versuch pro Jahr oder Halbjahr machte, wäre das umwälzend. Es kommt bereits viel Bewegung in die Schülerschaft und ins Kollegium, wenn nur ein einziges Unternehmen aus dem üblichen Rahmen herausfällt.

Auch die Zusammenarbeit mit den Eltern gehört in den Bereich Partizipation

[18] Erläuterungen zum SMV-Erlaß des KM des Landes NW vom 22. Mai 1969.

[19] SMV-Erlaß des KM von NW vom 18. Oktober 1968.

und Schülerpraxis[20]. Es gibt hier und da bereits Versuche zur Intensivierung der Elternarbeit über die bestehenden Institutionen hinaus, z. B. den Elternstammtisch: monatliches (oder zweimonatliches) Treffen von Eltern und Klassen- sowie Fachlehrern in einer Gaststätte. Daß man sich nicht in der Schule trifft, ist bereits von Bedeutung; es dokumentiert nicht nur, es *ist* ein Stück Unabhängigkeit. Es kommt entsprechend mehr zur Sprache, was Eltern und Schüler bedrängt. Lehrer erhalten Informationen, die größere Gerechtigkeit gegenüber einzelnen Schülern ermöglichen; Eltern erhalten Einblick in ihnen bis dahin unbekannte Sachverhalte und Zusammenhänge. Das Wissen der Schüler von der Zusammenarbeit zwischen Eltern und Lehrern und darum, daß es Mitarbeit und nicht Kontrolle ist, zeigt den Schülern, daß sie ernst genommen werden. Es wird sich empfehlen, jugendliche Schüler (gelegentlich) am Stammtisch zu beteiligen.

Partizipation der Schüler ist weiterhin durch deren Teilnahme an allen Konferenzen möglich. Auch dies sah der SMV-Erlaß bereits vor, für Konferenzen in Zensuren-, Versetzungs- und Abschlußprüfungsangelegenheiten nur auf Beschluß der Lehrerkonferenz. Ebenso kann die Konferenz auf Antrag den Schülern Stimmrecht einräumen.

Die Vorschläge des Bildungsrates betreffen ebenfalls die Teilnahme und Mitwirkung an Konferenzen und eröffnet den Schülern hierüber hinaus eigene Handlungsräume, die wiederum mit dem Unterricht in Verbindung gebracht werden könnten.

„Neben der Beteiligung an den Entscheidungen über die Planung und Gestaltung des Unterrichts .... und neben der Mitwirkung in den Konferenzen auf Schul- und Stufenebene haben die Schüler darüber hinaus die Möglichkeit, einen Bereich selbstorganisierter Aktivitäten zu gestalten. Hierzu zählen vor allem Veranstaltungen der Schülervertretung, in denen sich Schüler zum Beispiel kulturell, sportlich oder politisch betätigen" (Nr. 4, S. 27)[21].

Ein weiteres Bündel notwendiger Maßnahmen auf dem Wege zu rationaler Kommunikation in der Schule und zugleich stärkerer Beteiligung der Schüler umfaßt die Entritualisierung der Schule.

d) Entritualisierung der Schule

Totale Entritualisierung ist nicht möglich und auch nicht nötig. Wir scheinen aus Gründen der Sicherheit und der Erleichterung des alltäglichen Handelns, insbesondere unter Handlungsdruck, auf Routine und Ritualisierung nicht verzichten zu können. Praxis, die neu konstituiert ist, wird also wieder zu ritualisiertem Handeln werden und von den nächsten Betroffenen erneut problematisiert und eventuell überholt werden müssen.

---

[20] Vgl. auch hierzu die Empfehlungen des Bildungsrates (Nr. 4).

[21] Zur politischen Betätigung enthält die Empfehlung der Bildungskommission ein Minderheitsvotum (5 von 17 Mitgliedern), das eine Änderung der Formulierung dahingehend fordert, daß ein allgemein politisches Mandat ausgeschlossen ist. Die politischen Aktivitäten der Schüler sollten sich auf schulpolitische beschränken. Nr. 4, S. 141-145.

Damit Entritualisierung in durchschlagendem Maße möglich wird, müssen die einzelnen Schulen eine verstärkte Selbständigkeit erhalten. Für eine solche Selbständigkeit in Grenzen machte die bereits genannte Empfehlung der Bildungskommission des Deutschen Bildungsrates (Nr. 4) wiederum Vorschläge. Hier sei nur einer angeführt: Es wird empfohlen, daß die Stundentafeln, die den Fächern und Fachbereichen die zustehende Unterrichtszeit festlegen, nicht die Zahl der Wochenstunden, sondern der durchschnittlichen Jahresstunden vorgeben.

„Dadurch wird es möglich, die Stundenzahlen nicht nur in Wochenstunden, sondern auch Block-, Epochen- oder Projektunterrichtszeit einzuteilen, um neue Arbeitsformen (team-teaching, fächerübergreifende Projekte) und Fächerkombinationen erproben und einführen zu können" (Nr. 4, S. A 31).

Außerdem sollten die Stundentafeln nicht den gesamten obligatorischen Unterricht verplanen, damit den Schulen ein Teil der Unterrichtszeit zur eigenen Disposition verbleibt: für die Erprobung neuer Arbeitsformen und Fächerkombinationen; für Mitwirkungs- und Selbstverwaltungsaufgaben; für besondere Unterrichtseinheiten zur Integration und Förderung behinderter Schüler.

„Die Bildungskommission schlägt vor, den Schulen etwa ein Zehntel, das heißt einen halben Unterrichtstag pro Woche, zur eigenen Ausfüllung einzuräumen" (Nr. 4, S. A 31).

Manche dieser Empfehlungen könnten von Schulen bereits eingeleitet und versucht, andere könnten beantragt werden; insgesamt aber ist es Sache des Landes, diese Chance zur Entritualisierung der Schulen zu eröffnen.

Ein Beispiel für Entritualisierung des starren Ablaufs aller Unterrichtstage ist der Wechsel von inhaltlich und verfahrensmäßig angelegten Alternativen und freien Aktivitäten. Ein solcher Versuch wird von der Peter Petersen-Grundschule in Hannover berichtet[22].

Ein Wechsel zwischen strengen Unterrichtszeiten (Kurse, Lehrgänge) und unterrichtsfreien Aktivitätsperioden könnte an kleinen Systemen schon heute eingeführt werden. Auch die Leistungskurse in der differenzierten gymnasialen Oberstufe bieten sich für einen Wechsel zwischen Lehrgang, Exploration (Forschen in Gruppen) und Diskussion (Austausch) an.

Zwänge der Zensurengebung, der Leistungsnachweise, des Berechtigungswesens, auch der Mangel an Ausstattung werden zwar alle genannten und noch folgenden Maßnahmen in Grenzen halten, aber in diesen Grenzen ist bereits mehr möglich, als wir bisher tun. Dies gilt auch für die Erweiterung der Lernorte. Unsere Schulen haben in der Regel nur einen Lernort, nämlich die Schule selbst. Nur gelegentlich kommen Exkursionen hinzu. Die zustehenden Tage für Wanderungen, Klassen- und Studienfahrten werden oft nicht voll ausgenutzt, häufig deswegen, weil die Lehrer die „Tobsucht" der Schüler fürchten. Die Seltenheit der Unternehmen wird dieses Problem aber noch steigern.

[22] Vgl. M. Bönsch, Nr. 181, S. 16. – Nach Bönschs Auskunft befindet sich ein ausführlicher Bericht in: Arbeitskreis Grundschule e. V., Soziales und emanzipatorisches Lernen. Frankfurt 1975.

Zur Erweiterung der Lernorte sind jedenfalls in Erwägung zu ziehen: Exkursionen in die nächste Umgebung und zu öffentlichen Einrichtungen; Beobachtungen und Gespräche auf der Straße, in Kaufhäusern etc., Besichtigungen von Betrieben, Verwaltungen, Museen. Es könnten auch mehr Experten aus dem öffentlichen Leben in die Schule geholt werden, auch andere interessierende Gruppen: Lehrlinge zu Gymnasiasten und umgekehrt.

Die möglicherweise entstehende größere Mühe für den Lehrer muß in Relation zu seinem Streß aufgrund der Uninteressiertheit auf seiten der Schüler und der ständigen Disziplinschwierigkeiten gesehen werden; abwechselnde Lernorte können ja gerade hier Abhilfe schaffen.

Eine weitere Möglichkeit zur Entritualisierung wie auch zur Überwindung der Lebensfremdheit wäre die Verbindung der schulischen mit der außerschulischen Jugendarbeit. Diese Chance liegt nahezu ganz brach. Personell ist die Verbindung über die Schüler herzustellen, die an außerschulischer Jugendarbeit beteiligt sind. Thematisch ließe sich über die meisten Fächer, methodisch durch Projekte eine Verbindung herstellen. Organisatorisch bietet sich die Verbindung mit außerschulischer Jugendarbeit am ehesten für Ganztagsschulen an[23]. Wenn Halbtagsschulen solche Projekte unternähmen, ließe es sich kaum vermeiden, daß die Lehrer dann auch nachmittags dafür in Anspruch genommen würden. Man müßte diese Beanspruchung eventuell ins Verhältnis setzen zu der Zeit, die z. B. für Nachhilfestunden, Verbandsarbeit, ehrenamtliche Mitgliedschaften etc. aufgebracht wird.
Zur Entritualisierung der Schule kann schließlich auch beitragen, daß Lehrer ihr Handeln auf Ritualisierung (Ritualismus) hin untersuchen und sich dabei zugleich für die Wahrnehmung von Widersprüchen zwischen Einstellung und Sprechen/Handeln sensibilisieren. Solche Kontrolle und Sensibilisierung ist am besten in Gruppen möglich und kann bereits in Praktika und in der 2. Phase der Lehrerbildung geübt werden. Gegenseitige Hospitationen, Tonbandaufnahmen, Video-Recorder-Aufnahmen und auch ein offenes Ohr für Schülerkritik können Material liefern, das gemeinsam auf ritualisierte Handlungsabläufe untersucht werden kann.

Lehrerstudenten und Referendare machen Unterricht zunächst in einem viel stärkeren Grade so, wie sie ihn sehen und aus eigener Schulzeit in Erinnerung haben, als sie annehmen. Was sie dabei übernehmen, sind (z. T. ritualisierte) Teilstücke, die auf bestimmte Reize hin und unter Handlungszwang plötzlich „einfallen“ und ablaufen und häufig beibehalten werden.

Typische Beispiele für solche Teilstücke sind:

Unterrichtseröffnungen,

Verhalten während der Stunde (Umhergehen, auf der Bank oder dem Pult sitzen, an der Fensterbank lehnen),

Redewendungen, um die Beteiligung der Schüler zu fördern,

---

[23] Vgl. Deutscher Bildungsrat, Empfehlung über die Einrichtung von Schulversuchen mit Ganztagsschulen. Bonn 1968.

Art und Weise des Drannehmens,
Befehlsformen,
Reaktionsverhalten bei Störungen,
Reaktionsverhalten bei Angriffen durch Schüler,
Ritus der Rückgabe einer Klassenarbeit.

Man kann beobachten, daß ein Lehramtsanwärter eine Zettelarbeit zurückgibt und dabei, ohne es zu merken, genau in die Verhaltensweisen des alten Paukers verfällt (incl. Witzeleien, Sarkasmen, Diffamierungen), die er eigentlich ablehnt. Auf seiten der Schüler baut sich aufgrund solcher z. T. auch analoger Mitteilungen schnell das übliche Feindbild Lehrer auf, sehr zum Erstaunen des Referendars oder jungen Lehrers, der sich selbst ganz anders sieht. Er weiß die feindlichen Reaktionen und Angriffe der Schüler gar nicht einzuordnen, beginnt allmählich auch von der Charakterschwäche bis Boshaftigkeit der Schüler zu sprechen, und der alte Teufelskreis ist geschlossen. – Hier kann nur die distanzierte Kontrolle des eigenen Verhaltens und Handelns – zusammen mit gleichermaßen Betroffenen – helfen.

Bei dieser Kontrolle können die pragmatischen Axiome, die weiter oben nach Watzlawick u. a. zitiert worden sind, gute Dienste leisten. Sie sollen deshalb für den vorliegenden Zusammenhang hier in Erinnerung gerufen und expliziert werden.

a) Die Schüler *müssen* auf das vom Lehrer gezeigte Verhalten (Kommunikation, Mitteilung) *reagieren.* Und zwar müssen sie auf das *Verhalten* reagieren, das sie sehen, nicht auf eine (evtl. andere) innere Einstellung.

b) Die ritualisiert ablaufenden Handlungen (z. B. Unterrichtseröffnungen) stellen zugleich eine *Beziehung* her: Lehrer-Schüler-Gefälle, soziale Distanz, Integration . . . .

c) Was der Lehrer vielleicht als Angriff interpretiert, war in den Augen der Schüler möglicherweise schon Antwort auf ein Verhalten des Lehrers (*Interpunktion* innerhalb der Interaktionskette).

d) Mit seiner saloppen Kleidung, seiner Haartracht und seiner Haltung teilt ein Referendar den Schülern *analog* mit, daß er sich partnerschaftlich mit ihnen auf eine Stufe stellt; zugleich aber wird im Frontalunterricht Lektion X abgefragt.

e) Ein Student (Referendar, Lehrer) mag *symmetrische* Kommunikation wünschen und dies den Schülern auch verbal mitteilen. Er ruft aber z. B. Schüler auf, die sich nicht melden; wählt die Beiträge aus, die an sein Ziel führen, ordnet Gruppenarbeit etc. an und merkt dabei nicht, daß sein Handeln *komplementär* ist.

Sensibilität für Lehrerhandeln und Alltagskommunikation läßt sich trainieren. Damit wäre auch dem Lehrertraining ein Stellenwert zugewiesen.

e) *Metakommunikation*

Das Wort „Metakommunikation“ ist durch die Kommunikationstheorie Watzlawicks u. a. geläufig geworden und vor allem durch die Pädagogik der Kommunikation innerhalb der Erziehungswissenschaft zur Anwendung gekommen. Watzlawick u. a. sprechen von Metakommunikation dann, wenn über die Kommunikation selbst kommuniziert wird (z. B. in der Kommunikationsforschung).

Bei der Rezeption durch die Pädagogik erhielt Metakommunikation über die formale Bestimmung hinaus noch eine weitere – pädagogische – Bedeutung: Metakommunikation ist die Verhandlung der Alltagskommunikation (im weitesten Sinne) durch die Betroffenen mit dem Ziel, sie zu revidieren, die Revision zu betreiben, überkommene Regeln also durch neue abzulösen:

„. . . vorhandene Ordnungen (müssen) unter Beiziehung der sie betreffenden Informationen metakommunikativ überprüft und im gegebenen Falle außer Kraft gesetzt werden können“ (Schaller, Nr. 24, S. 113).

In jüngster Zeit treffen theoretische Bedenken auf die pragmatische Kommunikationstheorie Watzlawicks u. a. und damit auch auf den Begriff Metakommunikation; so z. B. aus logisch-linguistischer Sicht von J. Ziegler[24], der die Theorie mit dem Ziel kritisiert, sie ad absurdum zu führen. Die zutreffende Kritik an der konservativen Einstellung Watzlawicks und seinen wissenschaftlichen Ungereimtheiten betrifft nicht die praktische Bedeutung der mit den „Axiomen“ und dem Wort Metakommunikation angesprochenen kommunikativen Zusammenhänge. Ziegler hält den Begriff Metakommunikation im Vergleich mit Begriffen wie Metamathematik für eine „Ungereimtheit“ und für eine von Watzlawicks „wirkungsvollsten Mystifikationen“ (S. 69). – Metakommunikation im hier weiterhin pädagogisch gewendeten und verwendeten Sinn ist nicht zu vergleichen mit einer Theorie oder Disziplin wie z. B. Metamathematik; es bleibt jene Praxis in Erziehung und Unterricht gemeint, in der über erfahrene Kommunikation verhandelt wird, um neue Praxis zu konstituieren.

Innerhalb der Didaktik hat der Begriff in seiner erweiterten Inhaltlichkeit in die Unterrichtstheorie Eingang gefunden. Metakommunikation bedeutet hier Neuregelung des alltäglichen Unterrichts durch die Betroffenen (Schüler und Lehrer) und wird sogar infolge eines Formalisierungsdranges in der Didaktik gelegentlich als eine *Stufe* für die Unterrichtsplanung und -realisierung angesehen. Von hier aus ist es dann nicht mehr weit, die institutionalisierte Metakommunikation wieder Unterricht werden zu lassen, nämlich Unterricht über Unterricht[25].

Angesichts dieser Entwicklung innerhalb der pädagogisch-didaktischen Theorie und Praxis müssen aber Bedenken angemeldet werden hinsichtlich des Ver-

---

[24] J. Ziegler, Kommunikation als paradoxer Mythos. Analyse und Kritik der Kommunikationstheorie Watzlawicks und ihrer didaktischen Verwertung. Weinheim 1977.

[25] Hiller-Ketterer/Hiller, Nr. 189. – Heinze/Heinze-Prause, Nr. 188. – Vgl. auch den Abschnitt „Meta-Unterricht“ in Thiemann, Nr. 206.

ständnisses von Metakommunikation als Aspekt rational-kommunikativen Handelns und seiner Verflachung.

Unterricht über Unterricht könnte eher eine Vorstufe der Metakommunikation genannt werden. Denn:

> ,,Es ist nicht zu bestreiten, daß Unterricht über Unterricht eher darauf angelegt sein wird, die zustimmende Einsicht der Schüler zum Unterrichtsprozeß mit seinen Zielsetzungen und Ansprüchen zu ermöglichen, als sie zum Widerspruch oder zur Obstruktion herauszufordern" (Hiller-Ketterer/Hiller, Nr. 189, S. 271).

Die zitierten Vorschläge der Bildungskommission des Deutschen Bildungsrates gehen bereits hierüber hinaus, insofern die empfohlenen Partizipationsmöglichkeiten der Schüler ein Unterrichtsplanungsforum und die Institutionalisierung einer Unterrichtskritik betreffen, die selbst nicht Unterricht sind.

Wenn man Metakommunikation ,,herbeizitiert" (Thiemann, Nr. 206, S. 38), um dann lediglich ,,mal" den geläufigen Unterricht zum Unterrichtsgegenstand oder Gesprächsstoff zu machen, bleibt man weiterhin den Determinanten unterworfen, die beschrieben worden sind. Die Schüler bleiben – sehr zum Leidwesen des gutwilligen Lehrers – skeptisch, sie haben zu schlechte Erfahrungen gemacht und sehen auch jetzt keine Hinweise darauf, daß ihnen tatsächlich die Mitbestimmung gewährt wird.

Lapassade drückt die Problematik für den Lehrer in seiner Rolle so aus:

> ,,Institutionell ist der Lehrer in seiner Klasse ein ,Bürokrat', denn er ist damit beauftragt, Entscheidungen zu fällen und seine pädagogische Auffassung durchzusetzen. Wenn er selbst seinen Status ändern und nicht-direktiv werden will, so muß er vorsichtig sein, denn institutionell (durch eine äußere Institution) bleibt er an einen anderen Status gebunden. Er kann nicht ganz unschuldig und als ob weiter nichts wäre so tun, ,als ob' der alte Status nicht mehr bestünde. Er muß selbst seine eigene Autorität zerstören, sich selbst als Bürokrat negieren. Das ist nicht einfach, denn die Schüler selbst haben immer die Tendenz, ihn als einen solchen zu betrachten, und sie erwarten, daß er sich als ein solcher verhält (auch wenn sie darunter leiden)" (Nr. 191, S. 195).

Ein Student berichtete als Praktikumserfahrung, daß Schüler im Kunstunterricht einmal malen konnten, was sie wollten. Es entstanden zahlreiche Bilder, auf denen Schüler Lehrer erschießen, und einige, auf denen umgekehrt Lehrer Schüler erschießen. Als der Student später den Lehrer fragt, ob er in einer der folgenden Stunden mit den Schülern über diese Bilder gesprochen habe, antwortet der Lehrer, daß der Versuch gescheitert sei. Die Schüler seien nicht mit der Sprache herausgerückt. In den Augen der Schüler steht der Lehrer auf der anderen Seite, auf der Seite derer, die die Macht haben und den längeren Arm.

Damit die Schüler wenigstens als Anfang mit der Sprache aus ihrer Schülersituation herausrücken, muß die Situation selber anders arrangiert werden. Das ist Grundbedingung für Metakommunikation als Anfang einer neuen Praxis. Die Schüler müssen nicht nur das *Gefühl* haben, sie seien unbehindert, sondern es muß (so weit es überhaupt geht) der Fall sein.

Als wichtigste Bedingungen lassen sich die folgenden nennen:

a) Es bedarf räumlicher Trennung vom üblichen Ort des Geschehens. Wenn man sich schon in der Schule treffen muß, dann wenigstens außerhalb des Stundenplans und möglichst in eigenen Schülerräumen. Besser wäre es, wenn außerschulische Jugendinstitutionen Räume zur Verfügung stellten. (Übrigens wiederum eine Chance, Schule und Jugendarbeit miteinander zu verbinden).
b) Es bedarf einer psycho-sozialen Trennung von der Klassensituation. Dazu kann der andere Ort behilflich sein, eventuell auch Freunde als Teilnehmer etc. Jedenfalls müßte eine gruppendynamische Um-Ordnung gelingen. Wer in der Klasse im Unterricht nichts sagt, müßte in der Metakommunikation etwas sagen können. Probleme der Unterdrückung innerhalb der informellen Gruppenstruktur tauchen hier auf.
c) Es bedarf einer organisatorischen Trennung. Die Schüler brauchen Mittel (Papier, Schreibmaschine, Schreibkräfte, Vervielfältiger etc. und Geld). Diese müssen so gesichert sein, daß sie ihnen nicht plötzlich, wenn etwa die Metakommunikation für die Schule ,,unangenehm" zu werden droht, von der Schulleitung genommen werden können.
d) Lehrer sollten teilnehmen, aber als gleichberechtigte Partner, als Experten, die man um weitere Fachleute ergänzen könnte. Je nach Anlaß und Gegebenheiten kann die Teilnahme von Praktikanten, Referendaren, Schülern anderer Schulen nützlich sein.

Unter diesen Bedingungen ist Metakommunikation nicht bloßes Reden über den Unterricht, sondern der gesamte praktische Prozeß von der Analyse und Diskussion des Unterrichts über Festlegung von Handlungszielen und Strategien ihrer Erreichung bis hin zu ihrer Erkämpfung und Durchführung mit allem, was an Petitionen, Aufrufen, Demonstrationen, Konferenzen und Verhandlungen dazugehört. – Solche metakommunikative Praxis ist an den meisten unserer Schulen unbekannt. Man braucht aber nur an Schüleraktionen zur Selbstentschuldigung (auf der Oberstufe), zum fließenden Schulbeginn, zur Lehrerkritik und Lehrerwahl, zur Beteiligung an Konferenzen und Stoffauswahl, zur Erreichung des Stimmrechts etc. zu erinnern, um deutlich werden zu lassen, daß es die Praxis gab und gibt, allerdings nicht von der Schule selbst gefördert.

Als Anfang könnte der Vorschlag des Bildungsrates angenommen werden, den Schülern selbstorganisierte Aktivitäten einzuräumen. Dieser Bereich, der gelöst sein müßte von den determinierenden Unterrichtszwängen, könnte sich zur Metakommunikation anbieten, zu der dann bei jugendlichen Schülern Lehrer auf Einladung teilnähmen. Bei jüngeren Schülern kann das Aufsichtsproblem und zugleich das Problem der Entritualisierung auch durch ein Patenamt älterer Schüler gelöst werden.

Auf jeden Fall müssen die Schüler erfahren, daß Metakommunikation etwas ändert und für sie zu einer Möglichkeit der kollektiven Selbstbestimmtung wird. Denn die Gefahr ist nicht gering, daß Metakommunikation wieder zu einem ritualisierten Mechanismus wird, der schließlich nur noch integrativen Zwecken dient. Solchen Zwecken dienten von jeher die sog. Meckerstunden oder jene Gelegenheiten bei Feiern, Ausflügen und Aussprachen, bei denen die Schüler einmal auspakken und Dampf ablassen durften, damit dann nachher wieder alles um so reibungsloser lief.

Es gibt im Laufe des Schuljahres institutionelle Anlässe genug, die diese integrative Funktion mit Hilfe von Ritualen erfüllen. Die Auflehnung der Schüler gegen die traditionellen Abitur- und Entlaßfeiern z.B. hat hier ihren Grund.

Metakommunikation würde gerade solche Zusammenhänge durchschaubar machen und neue Praxis einleiten, oder sie würde wenigstens zur Folge haben, daß die alte Praxis weniger blind als bisher und in (politischer) Aufmerksamkeit für Möglichkeiten der Verbesserung betrieben würde.

Rationale Kommunikation, zu der auch Metakommunikation als ein Aspekt gehört, bedarf rückhaltloser und möglichst vielseitiger Information. Dazu soll dieses Buch dienen und die folgende strukturierte Bibliographie ein Hilfsmittel sein.

III. Teil: Bibliographie

Die folgende Bibliographie zum Problemkomplex Disziplin, Konflikt und Gewalt in der Schule soll eine Hilfe bei der theoretischen und praktischen Behandlung der Thematik sein. Zu diesem Zweck ist sie nach sieben Bereichen strukturiert:
A: Grundlagenliteratur;
B: Analysen und Berichte zur Schulsituation, die größtenteils auch das Disziplinproblem zur Sprache bringen;
C: allgemeine Arbeiten zum Problemkomplex Disziplin, Konflikt und Gewalt;
D: spezielle Arbeiten zum Problemkomplex;
E: Analysen und empirische Untersuchungen zum Problemkomplex;
F: Ausweichempfehlungen:
1. Verhaltensmodifikation,
2. Lehrertraining;
G: kritisch – produktive Ansätze.

Die in den Anmerkungen dieses Buches genannten Titel, die ein dort angesprochenes spezielles Problem betreffen, werden in der folgenden Bibliographie nicht wiederholt. –

Literatur zu Verhaltensstörung und Lernbehinderung muß ausgeklammert bleiben.

A: Grundlagenliteratur

1. Berg, Ch. u.a., Einführung in die Erziehungswissenschaft. Köln 1976.
2. Bourdieu, P./Passeron, J.C., Abhängigkeit in der Unabhängigkeit. Die relative gesellschaftliche Autonomie des Bildungssystems. In: Hurrelmann, K. (Hrsg.), Soziologie der Erziehung. Weinheim 1974, S. 124-158.
3. Clark, B.R., Die „Abkühlungs"-Funktion in den Institutionen höherer Bildung. In: Hurrelmann, K. (Hrsg.), Soziologie der Erziehung. Weinheim 1974, S. 379-391.
4. Deutscher Bildungsrat, Empfehlungen der Bildungskommission. Zur Reform von Organisation und Verwaltung im Bildungswesen. Teil 1: Verstärkte Selbständigkeit der Schule und Partizipation der Lehrer, Schüler und Eltern. Bonn 1973.
5. Fend, H., Gesellschaftliche Bedingungen schulischer Sozialisation. Weinheim 1974.
6. Fend, H., u.a., Gesamtschule und dreigliedriges Schulsystem. Eine Vergleichsstudie über Chancengleichheit und Durchlässigkeit. Stuttgart 1976. Dtsch. Bildungsrat. Gutachten und Studien der Bildungskommission 55.
7. Fend, H., u.a., Sozialisationseffekte der Schule. Weinheim 1976.
8. Fend, H., u.a., Schulklima. Weinheim 1977.
9. Fürstenau, P., Zur Psychoanalyse der Schule als Institution. In: Zur Theorie der Schule. Weinheim 1969. S. 9-25.
10. Heinze, Th., Unterricht als soziale Situation. Zur Interaktion von Schülern und Lehrern. München 1976.
11. Hurrelmann, K. (Hrsg.), Soziologie der Erziehung. Weinheim 1974.
12. Hurrelmann, K., Erziehungssystem und Gesellschaft. Reinbek b. Hamburg 1975.
13. Lapassade, G., Gruppen, Organisationen, Institutionen. Stuttgart 1972.

14. Lemberg, E. u. a., Schule und Gesellschaft. Darmstadt 1971.
15. Lemberg, E., Die Schule als gesellschaftliche Institution. In: Lemberg u. a., Schule und Gesellschaft. Darmstadt 1971, S. 1-26.
16. Leschinsky, A./Roeder, P.M., Schule im historischen Prozeß. Stuttgart 1976.
17. Mayntz, R., Soziologie der Organisation. Reinbek b. Hamburg 1971.
18. Mollenhauer, K., Theorien zum Erziehungsprozeß. München 1972.
19. Offe, C., Leistungsprinzip und industrielle Arbeit. Frankfurt 1970.
20. Offe, C., Politische Herrschaft und Klassenstrukturen. Zur Analyse spätkapitalistischer Gesellschaftssysteme. In: Kress, G./Senghaas, D,. Politikwissenschaft. Eine Einführung in ihre Probleme. Frankfurt, 3. Aufl. 1971, S. 155–189.
21. Offe, C., Strukturprobleme des kapitalistischen Systems. Frankfurt, 3. Aufl. 1975.
22. Offe, C., Bildungssystem, Beschäftigungssystem und Bildungspolitik – Ansätze zu einer gesamtgesellschaftlichen Funktionsbestimmung des Bildungssystems. In: Roth, H./Friedrich, D., Bildungsforschung. Teil I. Deutscher Bildungsrat: Gutachten und Studien der Bildungskommission 50. Stuttgart 1975, S. 215-252.
23. Schäfer, K.H./Schaller, K., Kritische Erziehungswissenschaft und kommunikative Didaktik. Heidelberg, 3. Aufl. 1976.
24. Schaller, K., Einführung in die Kritische Erziehungswissenschaft. Darmstadt 1974.
25. Schaller, K., Pädagogik der Kommunikation. Fernuniversität Hagen, 2. Aufl. 1977.
26. Schelsky, H. (Hrsg.), Zur Theorie der Institution. Düsseldorf 1970.
27. Watzlawick, P./Beavin, J.H./Jackson, D.D., Menschliche Kommunikation. Stuttgart, 4. Aufl. 1974.
28. Wellendorf, F., Schulische Sozialisation und Identität. Weinheim, 3. Aufl. 1975.

B: Analysen und Berichte zur Schulsituation

29. Bauer, A., Zur Soziologie des Schülers. In: Lemberg u. a., Schule und Gesellschaft. Darmstadt 1971, S. 27–55.
30. Beckmann, H. K., u. a., Hauptschule in der Diskussion. Braunschweig 1977.
31. Berg, H. Ch., Ein Unterrichtstag in einer elften Klasse. In: WPB 28 (1976) H. 12, S. 694–700. (Themenheft: Disziplin im Unterricht?)
32. Creutz, H., Haken krümmt man beizeiten. Schultagebuch eines Vaters. München 1977.
33. Deutscher, E., Ein Stück Wirklichkeit der Hauptschule. Schilderung eines Schulleiters. In: WPB 29 (1977) H. 1, S. 25–27.
34. Engelhardt, W., „Heimliches Schulleben" – ein neuer Begriff als „Brille" für schulische Wirklichkeit? In: WPB 29 (1977) H. 8, S. 336–338.
35. Ermer, R. G., Hauptschultagebuch oder: Der Versuch, in der Schule zu leben. Erfahrungen eines Hauptschullehrers. Weinheim 1975.
36. Flitner, A./Friedrich, G., Aufzeichnungen aus dem Schulalltag. Zu J. G. Klink, Klasse H7e. In: Zeitschrift für Pädagogik 21 (1975) H. 2, S. 293–298.
37. Franz, U./Hoffmann, M., Hauptschule. Erfahrungen-Prozesse-Bilanz. Kronberg 1975.
38. Gerner, B., Der Lehrer – Verhalten und Wirkung. Darmstadt 1972.
39. Hänsel, D., Die Anpassung des Lehrers. Die Sozialisation in der Berufspraxis. Weinheim 1975.
40. Hänsel, D./Nyssen, E., Hauptschulunterricht: Wie die Restschule sozialisiert. In: b:e 8 (1975) H. 8, S. 35–42.
41. Hagemann-White, C./Wolff, R., Wie's in der Schule wirklich aussieht. In: b:e 8 (1975), H. 8, S. 30–34.
42. Hanisch, K., Die jungen Lehrerinnen. Erwartungen und Wirklichkeit. München 1974.

43. Hartwig, H., Ein Vormittag in der Hauptschule. In: Ästhetik und Kommunikation 6 (1975), H. 20, S. 8–30.

44. Hauptschule – Hauptschüler. Aktionen und Erfahrungen. Themenheft: betrifft: erziehung, H. 10, 1975.

45. Henry, J., Culture Against Man. New York 1963.

46. Henry, J., Der erlebte Alptraum. In: b:e 6 (1973), H. 5, S. 23–26.

47. Hentig, H. v., Unlust an der Schule. In: Gesamtschule 5 (1973), H. 4, S. 10–13.

48. Herndon, J., Die Schule überleben. Stuttgart 1972.

49. Hoffmann, M., Die Wirklichkeit des Hauptschülers. In: Die Deutsche Schule 69 (1977) H. 4, S. 194–203. (Themenheft: Schulreform – an der Hauptschule vorbei? 32. päd. Woche Cuxhaven-Duhnen).

50. Homfeldt, H. G., Wie Ali und Werner vom Schulbesuch ausgeschlossen wurden. Interpretative Prozesse in der Alltagswelt der Schule. Essen 1974.

51. Hopf, H. H., Hauptschüler und Destruktivität. In: WPB 29 (1977) H. 7, S. 271–275.

52. Husmann, I., Glanz und Elend eines Schuljahres. Stuttgart 1975.

53. Jouhy, E., Schülerexistenz zwischen rezeptivem Konformismus und rebellierender Produktivität. In: Seidelmann, K., Schüler-Lehrer-Eltern. Hannover 1970.

54. Klink, J.-G., Klasse H 7e. Bad Heilbrunn 1974.

55. KMK (Ständige Konferenz der Kultusminister der Länder in der Bundesrepublik Deutschland), Zur Stellung des Schülers in der Schule. Beschluß der KMK vom 25. Mai 1973. Beschluß-Sammlung Nr. 849.1.

56. Kniffler, C., Die Position des Lehrers in der Gesellschaft und seine bildungspolitische Verantwortung. In: K. Seidelmann, Schüler-Lehrer-Eltern. Hannover 1970.

57. Krieger, R., u. a., Erlebte Belastung des Lehrers durch verhaltensauffällige Schüler. In: Zeitschrift für Entwicklungspsychologie und Päd. Psych. 8 (1976), H. 4, S. 245–251.

58. Kuhlmann, H., Klassengemeinschaft. Über Hauptschüler und Hauptschullehrer und den Versuch herauszufinden, wann Schule Spaß machen könnte. Berlin 1975.

59. Lappe, K./Meueler, E., Hauptschüler. Keine Chance? Oder doch? Aber wie? München 1975.

60. Lemberg, E., Lehrer und Gesellschaft. In: Ders., Schule und Gesellschaft. Darmstadt 1971, S. 56–76.

61. Menze, F., „Dies machte alle anderen Fragen für mich unwichtig!" Hauptschüler untersuchen ihre Wirklichkeit. In: b:e 10 (1977), H. 2, S. 65–67.

62. Müller, C. W., Die Stellung des Schülers an unseren Schulen. In: Seidelmann, Schüler-Lehrer-Eltern. Hannover 1970.

63. Münzinger, W., Selbstdiagnose eines gescheiterten Unterrichts. In: WPB 28 (1976), H. 12, S. 685–693. (Themenheft: Disziplin im Unterricht?).

64. Rozin, P., Wunde Punkte. Bilanz eines Junglehrers (Disziplinschwierigkeiten in der Klasse). In: WPB 28 (1976), H. 11, S. 625–631.

65. Scherer, H., Gespräche mit Hauptschülern: „Hauptsache, man hat ein gutes Zeugnis und ist besser als die andren". In: b:e 8 (1975), H. 9, S. 43 f.

66. Schmidt, M., Berufsperspektive Lehrer – Konfliktfeld Schule. In: b:e 7 (1974), H. 2, S. 15–21.

67. Searle, Ch., Mein Lehrer ist wie ein Panzer. Texte englischer Arbeiterkinder. Zur Schule im Kapitalismus. Berlin 1975.

68. Seidelmann, K., Schüler-Lehrer-Eltern. Der Mensch in der Schule. Hannover 1970.

69. Silbermann, Ch. E., Die Krise der Erziehung. Weinheim 1973.

70. Teichler, K., Eine Stunde im C-Kurs. Mit Kommentar von L. Schweim. In: b:e 8 (1975), H. 11, S. 28–30.

71. Tillmann, K.-J., Unterricht als soziales Erfahrungsfeld. Frankfurt 1976.

72. Urban, K. B., Die Bedingungen politischen Lernens bei Schülern. München 1976.

73. Wimmer, W., Nicht allen das gleiche, sondern jedem das seine. Sozialbiographie aus einer Hauptschulklasse. Reinbek b. Hamburg 1976.
74. Wünsche, K., Die Wirklichkeit des Hauptschülers. Berichte von Kindern der Schweigenden Mehrheit. Köln 1972.
75. Zur psychischen Situation der Hauptschüler. Aus einem internen Bericht der Berliner Senatsverwaltung für Schulwesen. In: Ästhetik und Kommunikation 6 (1975), H. 20, S. 31–36.
76. Zur Situation der Hauptschulen in Nordrhein-Westfalen. Die Schule in Nordrhein-Westfalen. Eine Schriftenreihe des Kultusministers. Bd. 31 a u. b. Ratingen 1972.

C: Allgemeine Arbeiten zum Problemkomplex: Disziplin, Konflikt und Gewalt in der Schule

77. Blackham, G. J., Der auffällige Schüler. Weinheim 1971.
78. de Boer, Th., Stör- und Konfliktsituation. Versuch einer Klassifizierung. In: Erziehung und Unterricht 127 (1977), H. 1, S. 8–11.
79. Brückner, P., Zur Pathologie des Gehorsams. In: Röhrs, H., Die Disziplin in ihrem Verhältnis zu Lohn und Strafe. Frankfurt 1968, S. 219–234.
80. Dembowski, J., Erziehung zur bewußten Disziplin in der demokratischen Schule. Berlin o. J.
81. Dietrich, W., Der junge Lehrer und die Schulzucht. Hannover 1967.
82. Disziplin im Unterricht? Themenheft: WPB 28 (1970), H. 12.
83. Domke, H., Lehrer und abweichendes Schülerverhalten. Zum sog. Disziplinproblem in der Schule. Donauwörth 1973.
84. Drechsel, W., Aus der Geschichte der Schuldisziplin. In: J. Beck/H. Boehncke (Hrsg.), Jahrbuch für Lehrer 1977. Reinbek b. Hamburg 1976, S. 69–87.
85. Ell, E., Disziplin in der Schule. Freiburg 1966.
86. Fend, H., Sozialisationseffekte unterschiedlicher Schulformen. In: H.-D. Haller/D. Lenzen (Hrsg.), Lehrjahre in der Bildungsreform. Stuttgart 1976, S. 47–88.
87. Flügge, J. (Hrsg.), Zur Pathologie des Unterrichts. Befragung des päd. Fortschritts. Bad Heilbrunn 1971.
88. Garlichs, A., Der gestörte Unterricht. In: WPB 28 (1976), H. 12, S. 672–678.
89. Gehrmann, R., Erziehung zu bewußter Disziplin, wesentlicher Bestandteil der kommunistischen Erziehung. In: Pädagogik 32 (1977), H. 4, S. 310–320.
90. Gmurman, V., Disziplin in der Schule. Berlin 1961.
91. Gottschalch, W., Schülerkrisen. Reinbek b. Hamburg 1977.
92. Hagemeister, U., Die Schuldisziplin. Weinheim 1968.
93. Heimann, P., Formen und Bedingungen unterrichtlicher Friktionen. In: Unterrichtsanalyse, Teil 1, Lehrerkolleg. München 1972.
94. Heinze, Th./Prause, R., Soziale Interaktion in der Schulklasse. In: WPB 26 (1974), S. 265–274.
95. Hollberg, P.-F., „Störer" und Gestörte im Unterricht. In: WPB 29 (1977), H. 7, S. 275–278.
96. Horney, W./Müller, H. A., Schule und Disziplin. Gütersloh 1964.
97. Ipfling, H.-J. (Hrsg.), Disziplin ohne Zwang. München 1976.
98. Mollenhauer, K., Theorien zum Erziehungsprozeß. München 1972. Darin: Gestörte Kommunikation, S. 68–83.
99. Mollenhauer, K., Bewertung und Kontrolle abweichenden Verhaltens. Aporien bür-

gerlicher Pädagogik. In: Hoffmann/Tütken, Realistische Erziehungswissenschaft. Hannover 1972, S. 241 ff.
100. Rauschenberger, H., Disziplin mit Fragezeichen. In: WPB 28 (1976), H. 12, S. 663 f.
101. Rauschenberger, H., Von der Schulzucht zur Verhaltensstörung. In: WPB 28 (1976), H. 12, S. 665–671.
102. Röhrs, H., Die Disziplin in ihrem Verhältnis zu Lohn und Strafe. Frankfurt 1968.
103. Rückriem, N., Disziplin in der Schule. Freiburg 1975.
104. Rutschky, K., Schwarze Pädagogik. Quellen zur Naturgeschichte der bürgerlichen Erziehung. Frankfurt 1977.
105. Schlömerkemper, J., Schüler und Schulreform. Entfremdung und Emanzipation. In: b:e 9 (1976), H. 3, S. 51–60.
106. Schreiner, G., Disziplin, ein Ziel sozialen Lernens? In: Ders. u. a., Soziales Lernen in der Schule. Hannover 1977.
107. Sigrell, B., Problemkinder in der Schule. Weinheim 1971. Darin: Einleitung von W. Bärsch.
108. Strümpell, L., Die pädagogische Pathologie oder die Lehre von den Fehlern der Kinder. Leipzig 1898.
109. Ulich, D., Gruppendynamik in der Schulklasse. München, 4. Aufl. 1974. Darin: Kap. 9: Eine Konflikttheorie in der Schulklasse.
110. Weber, M., Die Disziplinierung und die Versachlichung der Herrschaftsformen. In: Ders., Wirtschaft und Gesellschaft. Tübingen, 5. Aufl. 1972, S. 681–687. Auch in: Röhrs, H., Die Disziplin in ihrem Verhältnis zu Lohn und Strafe. Frankfurt 1968, S. 5–13.
111. Wicke, E., Lernen – Interesse – Disziplin. In: WPB 28 (1976), H. 12, S. 679–684.
112. Winnefeld, F., Pädagogischer Kontakt und pädagogisches Feld. München 1957.

D: Spezielle Arbeiten zum Problemkomplex: Disziplin, Konflikt und Gewalt in der Schule

113. Brusten, M./Hurrelmann, K., Abweichendes Verhalten in der Schule. Eine Untersuchung zu Prozessen der Stigmatisierung. München 1973.
114. Garlichs, A., Das inoffzielle Thema im Unterricht. In: Garlichs/Heipcke/Messner/Rumpf, Didaktik offener Curricula. Weinheim 1974, S. 95–106.
115. Hall, K.-H., Der Lehrer und sein Recht. Kronberg/Ts. 1976.
116. Heck, G./Tschampa, H., Konfliktregelung in der Schule. Eine kritische Analyse von Zielsetzungen und Funktionen der Schulordnungen in den Ländern der BRD. Weinheim 1976.
117. Junker, H., Konfliktberatung in der Schule. Kommunikationsprobleme-Ursachen-Hilfen durch den Lehrer. München 1975.
118. Kaiser, K., Erziehungsmaßnahmen und Ordnungsmaßnahmen. Rechtliche Sanktionen der Schuldisziplin. In: H.-J. Ipfling (Hrsg.), Disziplin ohne Zwang. München 1976, S. 47–67.
119. Lorenz, U., Überblick über Ordnungsmaßnahmen in den Ländern der Bundesrepublik Deutschland. In: H.-J. Ipfling (Hrsg.), Disziplin ohne Zwang. München 1976, S. 69–75.
120. Nevermann, K., Die Schule im Rechtsstaat. Bericht über die Verhandlungen der Abteilung „Schule im Rechtsstaat" des 51. Deutschen Juristentages. Stuttgart 1976. In: Zeitschrift für Pädagogik 23 (1977), H. 1, S. 119–128.
121. Otto, K. H., Disziplin bei Mädchen und Jungen. Berlin 1970.
122. Paris, R., Die Grenzen des Double-Bind-Konzepts. In: Ästhetik und Kommunikation 5 (1974), H. 15/16, S. 72–74.

123. Pleger, J., Aggression und Erziehung. Erziehungsbedingungen und die potentielle Entstehung und/oder Manifestation von Aggressivität bzw. Aggression. In: Vjsch. für wiss. Pädagogik 53 (1977), H. 1, S. 64–74.
124. Ruhloff, J., Ein Schulkonflikt wird durchgespielt. Heidelberg 1970.
125. Stark, E./von der Haar, H., Zur Double-Bind-Hypothese in der Schizophrenieforschung. In: Psychologische Rundschau 28 (1977), H. 1, S. 31–44.
126. Treppenhauer, A., Psychoanalyse und labeling approach. Zur Bedeutung beider Theorieansätze für pädagogisches Handeln. In: b:e 9 (1976), H. 2, S. 50–56.
127. Uttendorfer-Marek, I., Disziplin im schülerzentrierten Unterricht. In: A. C. Wagner u. a., Schülerzentrierter Unterricht. München 1976, S. 184–220.

E: Analysen und empirische Untersuchungen zum Problemkomplex: Disziplin, Konflikt und Gewalt in der Schule

128. Baus, M./Jacoby, K./Meier, A., Abweichendes Schülerverhalten in der sozialen Orientierung der Lehrer. In: Die Deutsche Schule 67 (1975), H. 11, S. 779–801.
129. Belschner, W., Schulprobleme. Schwierigkeiten in der Beziehung zwischen Lehrer und Schüler. In: Ders. u. a., Verhaltenstherapie in Erziehung und Unterricht. Stuttgart 1973, S. 13–35.
130. Fend, H., u. a., Über Rowdy- und Mogelfaktor, Unordentlichkeits- und andere Syndrome. In: b:e 8 (1975), H. 11, S. 45–50.
131. Forschungsgruppe Schulische Sozialisation (Konstanz): „Sozialisationseffekte unterschiedlicher Schulformen". In: b:e 8 (1975), H. 8, S. 43–50.
132. Fürntratt, E., Die Bestrafung lernerischer Aktivität. In: b:e 8 (1975), H. 11, S. 40–44.
133. Fürntratt, E., Zwang und Repression im Schulunterricht. Weinheim 1976.
134. Geisler, W., Warum Lehrer strafen. (Einleitung zum Thema des Heftes). In: b:e 8 (1975), H. 11, S. 27f.
135. Grauer, G., u. a., Gewalt in der Schule – Schule als Gewalt. In: b:e 9 (1976), H. 7, S. 34–47.
136. Grell, J., Halt den Mund, sonst fliegst du raus. In: b:e 8 (1975), H. 11, S. 30–34.
137. Hanke, B./Huber, G. L./Mandl, H., Aggressiv und unaufmerksam. Die Aufgabe des Lehrers bei Schulschwierigkeiten. München 1976.
138. Heinze, Th., Unterricht als soziale Situation. Zur Interaktion von Schülern und Lehrern. München 1976.
139. Hofer, M., Der Lehrer und das Disziplinproblem. In: Funk-Kolleg Pädagogische Psychologie, Studienbegleitbrief 7. Weinheim 1973, S. 21–33.
140. Hoffmann, H. J., Das Betragen. Eine psychologische Studie zur Beurteilung des Schülerverhaltens in der Schule. Berlin 1965.
141. Hurrelmann, K., Soziale Koordinaten des Disziplinproblems. In: b:e 8 (1975), H. 11, S. 34–40.
142. Ingenkamp, K. H., (Hrsg.), Schulkonflikt und Schülerhilfe. Weinheim 1965.
143. Kalb, P. E., Gewalt in BRD-Schulen. In: b:e 9 (1976), H. 7, S. 51–52.
144. Otto, K. H., u. a., Psychologische Untersuchungen einiger Bedingungen des Disziplinverhaltens. Berlin 1968.
145. Rumpf, H., Die administrative Verstörung der Schule. Essen 1966.
146. Schmidt-Wellenburg, A., Gymnasiasten im Konfliktfeld Schule. München 1974.
147. Schreiner, G./Sowa, A., Lehrerverhalten bei Disziplinkonflikten. In: Die Deutsche Schule 69 (1977) H. 7/8, S. 436–451.
148. Tausch, A. u. R., Erziehungspsychologie. Göttingen, 6. Aufl. 1971. Darin: Lenkung bei sozialen Interessengegensätzen und Konflikten. S. 229ff., auch S. 190ff. und S. 321ff.

149. Wellendorf, F., Konfliktpotential in der Schule. In: M. Hofer/F. E. Weinert, Pädagogische Psychologie II, Funk-Kolleg Grundlagentexte. Frankfurt 1973. S. 177–199.
150. Wellendorf, F., Soziale Konflikte in der Schule. In: F. E. Weinert/C. F. Graumann/H. Heckhausen/M. Hofer u. a., Pädagogische Psychologie I, Funk-Kolleg. Frankfurt 1974, S. 452–472.
151. Wellendorf, F., Soziale Konflikte in der Schule. Funk-Kolleg Pädagogische Psychologie, Studienbegleitbrief 7. Weinheim 1973, S. 77–95.

F: Ausweichempfehlungen

1. Verhaltensmodifikation

152. Belschner, W., u. a., Verhaltenstherapie in Erziehung und Unterricht. Stuttgart 1973.
153. Berliner Lehrer diskutieren Verhaltensänderung. In: b:e 7 (1974), H. 1, S. 26–29.
154. Blackham, G. J./Silberman, A., Grundlagen und Methoden der Verhaltensmodifikation bei Kindern. Weinheim 1976.
155. Dreikurs, R./Grünwald, B. B./Pepper, F. C., Schülern gerecht werden. Verhaltenshygiene im Schulalltag. München 1976.
156. Eisert, H. G./Barkey, P., Verhaltensmodifikation in der Schule. Deutsches Institut für Internationale Pädagogische Forschung. Frankfurt 1972. (Lit.!).
157. Gray, F./Graubard, P. S./Rosenberg, H., Little Brother is Changing You. In: Psychology today, März 1974, S. 42–46.
158. Günther, M., Disziplinierte Schüler durch Verhaltensmodifikation? In: Demokratische Erziehung 3 (1977), H. 1, S. 41–47.
159. Homme, L. u. a., Verhaltensmodifikation in der Schule. Praxisbezogenes Trainingsprogramm für Lehrer und Studenten. Weinheim 1974.
160. Kern, H. J., Verhaltensmodifikation in der Schule. Stuttgart 1974.
161. Kern, H. J., Lehrer- und Schülerverhalten. Forschungsergebnisse und Anleitung zur Verhaltensmodifikation. Stuttgart 1976.
162. Lennertz, E., Verhaltenstherapie in der Schule? Was dafür und dagegen spricht. In: b:e 7 (1974), H. 1, S. 30–33.
163. Lischke, G., Verhaltensänderung. Ansatz und Spielarten. Übersicht über neue Bücher, die einen Trend in der Schulpädagogik andeuten. In:
b:e 7 (1974), H. 1, S. 33–36.
b:e 7 (1974), H. 3, S. 79–81.
b:e 7 (1974), H. 4, S. 80–82.
164. Redl, F., Disziplin in der Schulklasse. In: Ders., Erziehung schwieriger Kinder. München, 2. Aufl. 1974, S. 152–202.
165. Rost, D. H., u. a. (Hrsg.), Pädagogische Verhaltensmodifikation. Probleme, Übersichten und Beispiele zur Theorie und Praxis der Verhaltensmodifikation in Vorschule, Schule, Hochschule, im Elternhaus und bei jugendlicher Delinquenz. Weinheim 1975.
166. Smith, L. M./Hudgins, B. B., Disziplin: ein Problem zwischenmenschlichen Verhaltens. In: Dies., Pädagogische Psychologie I. Anwendung verhaltenstheoretischer und sozialwissenschaftlicher Erkenntnisse auf die Praxis. Stuttgart 1971, S. 300–345.
167. Verhaltensmodifikation in der Schule. Themenheft: Bildung und Erziehung 27 (1974), H. 3, S. 167–237.
168. Winkler, H., u. a., Verhaltensänderung in der Sonderschule. Bericht über ein Experiment. In: b:e 7 (1974), H. 1, S. 19–23. – Dazu die Kritik von S. Drews in b:e 7 (1974), H. 1, S. 22–23. Die Antwort von Winkler u. a., Verhaltensänderung in der Schulklasse. Technologie der Anpassung? In: b:e 7 (1974), H. 4, S. 41 f.

2. *Lehrertraining*

169. Becker, G. E./Dietrich, B./Kaier, E., Konfliktbewältigung im Unterricht. Situationsbeschreibungen und Trainingsunterlagen. Bad Heilbrunn 1976.

170. Dreikurs, R./Cassel, P., Disziplin ohne Strafe. Ravensburg 1975.

171. Egger, H., Eine kritische Situation im Unterricht. Übungen und Reflexionen zum Lehrerverhalten. In: WPB 29 (1977), H. 1, S. 35–38.

172. Grell, J., Techniken des Lehrerverhaltens. Weinheim, 6. A. 1976.

173. Heckhausen, H., Einige Variablen der Unterrichtsführung. (Nach den Untersuchungen von J. Kounin) Funk-Kolleg Pädagogische Psychologie, Studienbegleitbrief 7, S. 41–47.

174. Kirsten, R. E., Lehrerverhalten. Stuttgart 1973.

175. Kounin, J. S., Techniken der Klassenführung. Stuttgart 1976.

176. Minsel, W.-R./Kaatz, S./Minsel, B., Unterrichtsentscheidung und Konfliktanalyse. München 1976.

177. Winkel, R., Der gestörte Unterricht. Bochum 1976.

178. Züghart, E., Disziplinkonflikte in der Schule. Originale und produktive Lösungsversuche von Erziehungsschwierigkeiten bei Schülern im Pubertätsalter. Hannover 4. Aufl. 1970.

G: Kritisch – produktive Ansätze

(Hier sind Versuche, Schülerpraxis und Unterricht in Verbindung zu bringen, mit aufgenommen. Vgl. S. 83 ff.)

179. Beck, C./Grauel, G., Soziales Lernen in Vorklassen und Eingangsklassen der Grundschule. Frankfurt 1975.

180. Beck, J./Boehncke, H. (Hrsg.), Jahrbuch für Lehrer 1977. Hilfen für die Unterrichtsarbeit. Reinbek b. Hamburg 1976.

181. Bönsch, M., Grundzüge eines offenen und kommunikativen Unterrichtskonzepts. In: Die Deutsche Schule 68 (1976), H. 11, S. 709–719.

182. Charlton, M., u. a., Innovation im Schulalltag. Arbeitsbuch für Lehrende und Lernende. Reinbek b. Hamburg 1975.

183. Dietrich, I., Kommunikation und Mitbestimmung im Fremdsprachenunterricht. Kronberg/Ts. 1974.

184. Dörge, F.-W., u. a., Ferienreisen. Wunschtraum und Wirklichkeit. In: Gegenwartskunde 26 (1977), H. 1, S. 95–130.

185. Franke, P., Aus dem Leben lernen. Zur kind- und fachgemäßen Arbeit im Soziallehreunterricht der Grund- und Hauptschule. In: Pädagogische Welt 30 (1976), H. 12, S. 727–732.

186. Hamburger Lehrerkollektiv, Jahrbuch für Junglehrer. Perspektiven für die Berufspraxis. Reinbek b. Hamburg 1975.

187. Heck, G./Tschampa, H., Konfliktregelung in der Schule. Weinheim 1976. – Bes.:
Kap. 6: Ansätze sanktionsfreier Konfliktregelung, S. 98–103;
Kap. 7: Elemente einer „systemimmanenten" Verbesserung schulischer Konfliktregelung, S. 104–108;
Kap. 8: Schluß: Alternativen zur Schulstrafe. S. 109–112.

188. Heinze-Prause, R./Heinze, Th., Unterrichtsforschung als Unterricht. Hauptschulprojekt: Schülertaktiken im Unterricht. In: b:e 7 (1974), H. 10, S. 48–53.

189. Hiller-Ketterer, J./Hiller, G. G., Unterricht über Unterricht und pädagogische Verständigung. In: Bildung und Erziehung 27 (1974), H. 4, S. 268–277.

190. Keller, U./Neumann, G., Kritische Erziehung. Ein Arbeitsprogramm zur Analyse von Einstellungen und Verhaltensweisen im Selbst- und Fremdumgang. Opladen 1971, 2 Bde.
191. Lapassade, G., Gruppen, Organisationen, Institutionen. Stuttgart 1972. Darin besonders: Für eine institutionelle Pädagogik.
192. Lapassade, G., Von der Gruppendynamik zur institutionellen Analyse. In: Gruppendynamik 1 (1970), H. 2, S. 124–133.
193. Lobrot, M., Die Selbstbestimmung schulischer Gruppen. In: Gruppendynamik 2 (1971), H. 2, S. 166–183.
194. Lotz, H., „Disziplinschwierigkeiten" und schulische Verhaltensauffälligkeiten. In: H. G. Rolff, u. a., Strategisches Lernen in der Gesamtschule. Reinbek b. Hamburg 1974.
195. Moser, B., Wie können Empfindungen und Bedürfnisse der Schüler im Unterricht besser wahrgenommen und berücksichtigt werden? In: Schweizer Schule 64 (1977), H. 8, S. 229–233.
Auch in: Die Deutsche Schule 69 (1977), H. 7/8, S. 464–469.
196. Neumann, H./Schütze, W., Der deutsche Schlager, ein Thema politischer Bildung. Anregungen und Hinweise nach längerer Seminarerfahrung. In: Materialien zur politischen Bildung 5 (1977), H. 1, S. 17–22.
197. Popp, W. (Hrsg.), Kommunikative Didaktik. Weinheim 1976.
198. Ramseger, J., Schülerorientierter Unterricht? Schülerschulen! In: Pädagogische Welt 31 (1977), H. 1, S. 40–46.
199. Rosenbusch, H. S., Einleitung von Metakommunikation bei Hauptschülern. Versuche in einem 7. Hauptschuljahrgang. In: Unterrichtswissenschaft 14 (1977), H. 3, S. 207–221.
200. Rumpf, H., Unterricht und Identität. Perspektiven für ein humanes Lernen. München 1976.
201. Schenk, J., Filme zur Lebenssituation von Jugendlichen. In: Gesamtschule 9 (1977), H. 2, S. 27–31.
202. Scholler, L., Rollen- und Planspiel im Sozialkundeunterricht der Hauptschule. In: Blätter für Lehrerfortbildung 28 (1976), H. 12, S. 471–478.
203. Schütt, A., Vom Umgang miteinander in der Schule. Gibt es Möglichkeiten, Lernen attraktiver zu machen? In: Materialien zur politischen Bildung 5 (1977), H. 2, S. 56–60.
204. Stange, S. u. H. H., Schüler lernen Öffentlichkeitsarbeit. Ein Bericht über den Versuch, Erfahrungen von Schülern zum Unterrichtsgegenstand in einer Schule für Lernbehinderte zu machen. In: Demokratische Erziehung 3 (1977), H. 2, S. 150–157.
205. Stoodt, D., Unterrichtseinheit „Disziplin/Selbstdisziplin" in einer 9. Hauptschulklasse. In: Der Evangelische Erzieher 29 (1977), H. 3, S. 210–225.
206. Thiemann, F., Versuche zu einer Entstörung der Schule. Essen 1977.
207. Wünsche, K., Die Wirklichkeit des Hauptschülers. Köln 1972.

Sachregister

Die kursiven Zahlen beziehen sich auf die Nummern im Text.

Namenregister

Die kursiven Zahlen beziehen sich auf die Nummern im Text.

Josef Fellsches

Moralische Erziehung als politische Bildung

240 Seiten, DM 17,80 (UTB 709)

In diesem Buch geht es um die Notwendigkeit sozialer, moralisch relevanter Praxis: nämlich um Erziehungspraxis, insofern sie als soziale Praxis moralisch relevant ist, wie auch um das moralisch relevante Handeln der jungen Menschen selbst, das ursprüngliches Anliegen jeder Erziehung ist. Kritische Theorie moralischer Erziehung ist engagierte Theorie. Ihr praktisches Erkenntnisinteresse erweitert sich angesichts begonnener rationaler Kommunikation innerhalb immer noch inhumaner Verhältnisse zu einem emanzipatorischen Interesse, das auf das gegenwärtige und zukünftige Handeln der Heranwachsenden zur Besserung der realen Verhältnisse zielt.

Ein Buch für Dozenten und Studenten der Pädagogik und der politischen Wissenschaft an Universitäten, Pädagogischen Hochschulen und Fachhochschulen.

Inhaltsübersicht: Zum Standort der Kritischen Erziehungswissenschaft – Erziehung und Moral – Theoretische Stützen für ein kritisches Verständnis von moralischer Erziehung – Moralische Erziehung in der Kritischen Erziehungswissenschaft – Anmerkungen – Literaturverzeichnis.

Quelle & Meyer · Heidelberg